初心见证

新四军在泰州

泰州市党史方志办公室
泰州市档案馆
编著

南京出版传媒集团
南京出版社

图书在版编目（CIP）数据

新四军在泰州 / 泰州市党史方志办公室，泰州市档案馆编著. -- 南京 : 南京出版社，2024. 12. --（初心见证）. -- ISBN 978-7-5533-5127-8

Ⅰ. E297.3

中国国家版本馆 CIP 数据核字第 2024604WU3 号

书　　名　初心见证——新四军在泰州
编　　著　泰州市党史方志办公室　泰州市档案馆
出版发行　南京出版传媒集团
　　　　　南 京 出 版 社
社址：南京市太平门街53号　　邮编：210016
网址：http://www.njcbs.cn　　电子信箱：njcbs1988@163.com
联系电话：025-83283893、83283864（营销）　025-83112257（编务）

出 版 人　项晓宁
出 品 人　卢海鸣
责任编辑　严行健　杨传兵
责任印制　杨福彬
装帧设计　钱　颢

印　　刷　南京凯德印刷有限公司
开　　本　787 毫米×1092 毫米 1/16
印　　张　13.25
字　　数　200千字
版　　次　2024年12月第1版
印　　次　2024年12月第1次印刷
书　　号　ISBN 978-7-5533-5127-8
定　　价　198.00元（全二册）

前言

1939年，陈毅率部挺进苏北，执行发展华中战略任务，三进泰州、保卫郭村、挥师东进、决战黄桥，开辟苏北抗日民主根据地，打开华中抗战新局面。新四军足迹和印记遍及泰州大地，铁军精神熔铸进泰州红色文化血脉。

跟党举旗、听党指挥。坚定理想信念，严格纪律规矩，锻造党的铁军。泰州各地党组织在新四军组织领导下重建、恢复，成为泰州人民抗战的领导力量。

同仇敌忾，众志成城。创造性贯彻执行党的抗日民族统一战线策略，团结一切可以团结的力量。始终保持与泰州人民群众的血肉联系，赢得拥护、爱戴和支持。

铁血抗战，成就威名。勇于在险恶环境里磨炼意志，善于在战略战术上灵活应对，敢于在面对强敌时一往无前。血与火的淬炼，令泰州历史的星空更为璀璨。

东进，东进！我们是铁的新四军！泰州市党史方志办公室（泰州市档案馆）组织编写《初心见证——新四军在泰州》，回望峥嵘岁月，感悟不朽精神，汲取奋进力量。在朝着伟大梦想阔步迈进新的征程上，铁军精神必将历久弥新，焕发出新的时代光芒。

《初心见证——新四军在泰州》编审组

组　长: 张士林

副组长: 申万霞

成　员: 潘国琴　耿　维

目录

重要战斗

根据地建设

地方武装

烽火追忆

后　记

泰州地区党组织的重建

1938年9月至11月，中共中央召开六届六中全会，作出在战区和敌后农村开展游击战争、建立抗日根据地的战略决策和“巩固华北、发展华中”的战略部署。1939年2月，受党中央委派，中央军委副主席、中共南方局书记周恩来到云岭新四军军部，传达党的六届六中全会精神，与新四军军部领导商定“向东作战，向北发展，向南巩固”战略方针。

中央军委新四军分会副书记、新四军第一支队司令员陈毅积极执行中央战略决策，于1938年10月、1939年1月，

陈毅从镇江县姚家桥（今丹徒区）附近渡江时在船头眺望（1939年）

挺进纵队渡江北上

先后派遣挺进纵队一部渡江北上，进入苏北，建立以江都大桥地区为中心的桥头阵地。为了在苏北站稳脚跟，开辟、巩固、发展苏北抗日根据地，陈毅高度重视地方党组织的恢复和发展。

1925年，党就在泰州地区开展革命活动，其后泰兴、泰县、靖江先后建立县委，发动群众，开展革命斗争。1930年秋，红十四军失败后，泰州地区党组织遭到严重破坏。中共江苏省委先后派出多批干部到泰兴、靖江、泰县领导恢复党的工作，但在国民党白色恐怖统治下，党组织未能得到恢复。1934年7月，泰州各地有组织、有领导的党的活动暂时停止。

1939年1月，陈毅指派挺进纵队第三支队政治处主任惠浴宇，负责苏北地方党组织的重建工作。5月，中共苏北工委在江都吴家桥成立，惠浴宇任书记。7月，改为中共苏北临时特委，隶属新四军第一支队政治部领导。10月，中共中央东南局撤销苏北临时特委，组建中共苏北特委，由东南局直接领导，韦一平为书记，惠浴宇为副书记。12月，东南局将苏北特委划属苏皖区党委领导。

苏北工委、苏北临时特委、苏北特委由新四军和东南局派出的干部组成，在新四军的武装掩护下，重新建立和发展地方党组织，发动群众，组织抗日救亡宣传活动，开展统战联络工作。1939年8月至1940年2月，先后在江都县网子桥、吴家桥和郭村的徐家巷举办3期党员培训班，每期培训2个多月，分泰州班、泰兴班、靖江班、江都班等，共培训党员130多人。培训班组织党员学习党的基本知识，旨在提高党员的思想政治觉悟。党员受训后，派往各县发展党员、发动群众，有的参加开辟根据地工作，有的在城市、在国民党部队开展秘密工作。1938年冬至1940年春，挺进纵队在大桥地区举办抗日军政学校，开办多期政治训练班和2期教导队，培训学员300多人，为泰州各地党组织的陆续重建输送了干部，充实和加强了基层领导力量。

1939年初，进步青年俞铭璜经惠浴宇介绍加入中国共产党。俞铭璜以泰县文化界抗战工作团和抗战剧社为阵地，积极开展抗日救亡运动，团结吸收进步青年入党。2月，中共泰县工委成立，俞铭璜任书记，邵泽甫、戴为然、盛坚夫、黄克孚、李健为委员。泰县工委委员分赴各地开展活动，在泰州城区和东乡一带，里下河东浒垛、叶甸、仓场和南乡白马荡一带发展党员，在泰来面粉厂、白马荡、曲塘、雅周等地以及泰州保安警察中队建起党支部。泰县工委创办苏北书报社，以“鲁苏皖边区游击总指挥部特务连”“三民主义抗日青年第一支队第四大队”的番号创建发展抗日武装。泰县工委领导的抗日救亡活动轰轰烈烈，引起了反共顽固派、国民党江苏省政府代主席韩德勤的不安。7月，韩德勤下令通缉俞铭璜，苏北临时特委调俞铭璜任特委宣传部长。不久，工委委员邵泽甫、李健、戴为然等人先后遭国民党顽固派的通缉，被迫离开泰州。苏北临时特委派张晏公任特派员，负责泰县党的工作。9月，撤销中共泰县工委，成立中共泰县委员会，陈扬任县委书记。泰县县委进一步发展壮大党的组织，发展了一批共产党员，先后建立城区区委、下河区委、张塘区委、姜堰区委等。

1939年1月，惠浴宇派新四军挺进纵队第三大队政治指导员金求真到泰兴开展工作，重建党组织。金求真首先在驻泰兴的国民党鲁苏皖边区游击总指挥部第三纵队第八支队陈玉生部开展政治工作，考察培养进步青年，先后发展黄云祥、谢克西、莫珊等加入中国共产党，并在陈玉生部建立党总支。4月，中共泰兴工委成立，金求真任书记，谢克西任组织部长，黄云祥任宣传部长兼青年部长。同月，陈玉生加入中国共产党。9月，中共泰兴工委改为中共泰兴县委。泰兴县委继续巩固并扩大党在第八支队的工作，至1940年上半年，陈玉生部有中共党员近80人，全支队10个连队中有9个连队建立了党支部或党小组，陈玉生部基本置于党的领导之下。泰兴县委利用“青年战时工作团”的合法地位，到城乡各地广泛开展团结抗日的宣传，积极培养发展党员，建立党的基层组织。到1940年夏，泰兴县委共有党员180余人，建立3个区委、1个工委，并将党的工作扩展到如皋、泰县、靖江边区。

1939年7月，陈玉生部中共党员刘万里、刘永清到靖江开展党的工作，先后发展朱正之、陈安人、吴克成等加入中国共产党。初冬，中共泰兴县委以霞幕圩、毗卢为中心，建立靖泰边区区委，季一先任区委书记。1940年春，靖泰边区区委派汪青辰以小学教员的身份为掩护，发展党员，建立苏北中学党支部和河南党支部。2月，中共靖江县工委成立，由泰兴县委领导，下辖毗卢、封头坝、普济庵、靖江城4个支部，吴志敏为书记。8月，中共靖江县工委改为中共靖江县委，吴志敏为书记，莫珊为组织部长，杨捷为宣传部长，刘万里为统战部长，蔡一新为妇女部长。靖江县委以“新四军靖江战地服务团”的名义对外办公，相继建立各区区委。

1939年2月，盛坚夫受泰县工委委派，到里下河东浒垛一带开展工作，秘密发展党员，建立东浒垛党支部，直属泰县工委领导，盛坚夫任书记，并在仓场、戴南、边城等几十个村镇从事党的发展工作。冬，泰县县委派盛坚夫领导组建中共兴（化）东（台）泰（县）边区工作委员会（通称下河区委），盛坚夫任书记，区委主要开展抗日宣传、募集抗战物资、发展党组织等工作。1940年8月，下河区委改组。至1940年底，下河地区先后发展党员180多名，建立党支

靖江县委、县政府驻地旧址（今靖江市生祠镇蒋家埭）

部11个。

1940年2月至5月，苏北特委派杨文铸、李健到兴化城开展党的工作。7月，中共兴化城工委成立，李健任书记，杨文铸、王振分别负责组织、宣传工作。兴化城工委主要任务是开展抗日宣传和组织发展工作，先后在兴化东门机器厂、北门米厂及轮船机工中发展10多名党员。

黄桥决战后，随着新四军主力部队的武装开辟和民运工作的深入开展，为中共兴化县委的成立创造了有利条例。1940年12月，中共兴化县工委在戴窑成立。1941年1月，中共兴化县工委撤销，中共兴化县委成立。

新四军东进黄桥后，于1940年9月成立了以陈毅、陈丕显为正、副书记的中共苏北区委员会，撤销苏北特委和江北特委，成立泰兴、如皋2个中心县委。泰兴中心县委书记为韦一平，领导江都、泰兴、泰县、靖江、如西5个县的工作；如皋中心县委书记为钟民，领导如皋、南通、启东、海门、崇明5个县的工作。在苏北区党委的领导下，各县县委配合新四军主力部队，发展地方武装，加强抗日民主根据地建设，开展了大量卓有成效的工作，为全面抗战胜利做出重要贡献。

（潘国琴）

东浒垛党支部

1939年2月，在中共泰县工委的领导下，一群热血青年到泰县东浒垛（今属兴化市）开展抗战宣传，发展党员，成立东浒垛党支部。东浒垛党支部积极发展党员，不断壮大队伍，领导人民参加抗战。

风云初起

1929年，东浒垛进步青年盛坚夫就读于南京晓庄学校，在陶行知先生教育引导下，积极参加反对帝国主义侵略

东浒垛党支部原址

盛坚夫（中）与盛秋实（右）、汤铭（左）相坐而谈铜像

和国民党独裁统治的示威游行。抗战初期，他随陶行知去上海，参加抗日救国宣传活动，加入上海救国总会，主办工学团，创办《江北同乡会会刊》《拉丁语》等进步刊物。

1937年秋，盛坚夫受上海党组织的派遣，离沪返乡。冬，盛坚夫和进步青年戴为然、张岳侯等人在东浒垛和东曲塘镇等地组织冬防讲习会，对青壮年进行抗战宣传，提出“打鬼子、打盐侉子、保家乡”等口号，并开展游击及射击等基本战术训练，影响逐步扩大到里下河地区的茅山、边城、溱潼、周庄等地。

1938年，为了更好地开展抗战宣传工作，俞铭璜、戴为然、盛坚夫、李健等人广泛联系泰县文化届、教育界的爱国进步人士，成立了群众性的抗日团体——泰县文化界抗战工作团，盛坚夫担任理事。他利用人熟、地熟的关系，积极投入工作，并在东浒垛成立里下河地区抗战工作分团。

夏，因受国民党县政府和李长江部的阻挠，泰县文化界抗战工作团活动困难，抗日青年纷纷下乡，盛坚夫回到里下河地区发展抗日武装。秋，他利用泰县第九区自卫委员会的名义，组织自卫队，通过泰县警察局的张岳侯和里下河开明士绅筹集枪支。自卫队最初只有几十人，后来逐步发展到100多人。

武装斗争

1939年2月，盛坚夫经俞铭璜介绍加入中国共产党。同月，中共泰县工委成立，盛坚夫担任军事委员，负责里下河地区武装。他先后发展汤铭、盛秋实等一批共产党员，并扩大抗日武装力量。2月底，东浒垛党支部成立，盛坚夫担任支部书记。

为争取东浒垛自卫队的合法地位，盛坚夫经俞铭璜等人介绍，通过鲁苏皖边区游击总指挥部参谋季恺的关系，征得李明扬、李长江同意后，以自卫队为基础，成立鲁苏皖边区游击总指挥部特务连，盛坚夫担任连长，戴为然负责交通联络和军需，张雷平负责军事教育。

泰县工委十分重视这支队伍，俞铭璜、戴为然、张岳侯等经常到连队，做思想政治工作。连队建立由青年学生组成的宣传队，开展抗日宣传活动。为加强管理，新四军挺进纵队派恽前程、徐馨伯担任连队的军事、政治教官，帮助开展政治教育和军事训练，教唱抗日歌曲。特务连建立支部，盛坚夫任支部书记，秘密发展党员。这支队伍虽然表面挂的是国民党部队的番号，实际上由中国共产党直接领导。

特务连纪律严明，深得群众拥护，引起鲁苏皖边区游击总指挥部副总指

里下河地区农村第一个党支部诞生地纪念馆

风运动的学习阶段主要解决了为学习而学习的倾向，及时引导党员干部把整风学习提到改造世界观的高度来认识，不咬文嚼字，而是领会文件的精神，进一步提高思想认识。

对照检查

苏中区整风运动第二阶段是对照检查、自我反省。对照所学文件的精神实质，联系个人实际，检查思想、检查作风、检查工作，以马列主义之“矢”，射个人错误思想之“的”，发现了许多意识不到的缺点和错误。各人按照自己参加革命前后的经历，逐段进行反省，分别检查有哪些成绩和优点、错误和缺点，写出自传和小结，进行深刻地自我批评。

这一阶段着力解决两种不良的思想倾向：一是“老好人”思想，怕得罪人，不愿意批评别人，对同志、对队伍、对革命起不到帮助作用；二是只愿批评别人，不肯自我批评，批评别人很凶，批评自己则轻描淡写。通过宣传学习，引导党员干部着重从思想上检查，学习运用批评和自我批评武器，做到坦诚相见、开诚布公，从团结的角度出发，经过批评与自我批评，达到新的团结，使党员干部逐步习惯在增进团结中相互提醒、相互督促、共同进步。

通过深刻反省、自我批评，各个县委抓住问题的症结，查找了许多不足。比如在干部问题上，有的军队干部对地方干部有强迫命令作风，外来干部对本地干部有包办代替作风，本地干部因舍不得离开本乡本土、舍不得老婆孩子不肯调动工作等。泰兴县委在组织开展批评与自我批评时，着重处理好三个关系：在老干部与新干部关系上，老干部应多作自我批评；在外来干部负领导责任的地方，外来干部与本地干部关系上，外来干部应多作自我批评；在军队干部与地方干部关系上，军队干部应多作自我批评。整风运动通过检查反省，加强了新老干部、部队干部与地方干部以及外来干部与本地干部之间的团结，调动了党内外干部群众的革命积极性。检查反省使县、区、乡各级党组织、各级机关逐步克服了主观主义、山头主义、官僚主义、自由主义的错误思想，进一步树立了实事求是、密切联系群众的工作作风。党员干部的思想认识和部队的战斗力得到了提高，为抗战的胜利反攻作了思想上、组织上的准备。

1944年3月到11月，苏中区3000多名党员干部参加了整风学习、对照检查。

挥李长江的猜忌，企图以调特务连到泰州作警卫连为借口，吃掉这支武装。泰县工委识破其阴谋，多方拖延，李部遂停发军饷，部队给养发生困难。经多方协调，特务连改挂“江苏省党部三民主义青年抗日第一支队第四大队”的番号。

发展壮大

为更好地领导和开展里下河地区斗争，1939年10月，中共泰县县委成立兴（化）东（台）泰（县）边区工委，盛坚夫任书记。边区工委成立后，积极开展抗战宣传，印制《为南京汪精卫伪政府成立告苏北同胞书》，广为散发和张贴；动员和组织群众，为新四军募捐寒衣；团结群众，不断扩大党的外围力量。至1940年底，边区工委共发展党员180多名，其中不少人成为开辟抗日根据地的骨干力量。

为了控制伪顽政权，东浒垛党支部派出党员盛必成、倪立中等人担任保长，打入敌人内部。1943年，苏中区党委先后派周柏林、储江到东浒垛，建立二地委和三地委的秘密交通站，担负人员接送、文件转送等任务。至1944年10月，抗日战争进入全面反攻阶段，此时东浒垛党支部有22名中共党员。

（张　华）

泰州地区党的整风运动

为了提高全党的马列主义水平，纠正党内的各种非无产阶级思想，切实提高党的思想建设和组织建设，毛泽东于1941年5月作《改造我们的学习》的报告，1942年2月作《整顿党的作风》《反对党八股》的报告，号召全党反对主观主义以整顿学风、反对宗派主义以整顿党风、反对党八股以整顿文风。1942年6月，中共中央宣传部发出《关于在全党进行整顿三风学习运动的指示》，全党开展以自我教育、相互教育为主要形式的整风运动。

动员部署

1942年4月中旬，新四军军部举行干部动员大会，学习讨论毛泽东关于整顿三风的报告。6月，成立新四军直

新四军军部人员听取整风报告

属队整风学习检查总委员会。随后，各师组成整风学习检查委员会。6月16日，中央军委发出通知，强调军队开展整风运动对于提高部队战斗力的特殊重要性。7月26日，华中局和中央军委新四军军分会作出《关于各战略单位整风的决定》，要求根据战争环境和部队特点，组织党员干部认真学习规定的整风文件。除少数团以上干部调华中党校学习外，其余排以上干部一边坚持艰苦斗争，一边参加整风学习。由于战斗频繁，各战略单位整风运动未能系统开展。

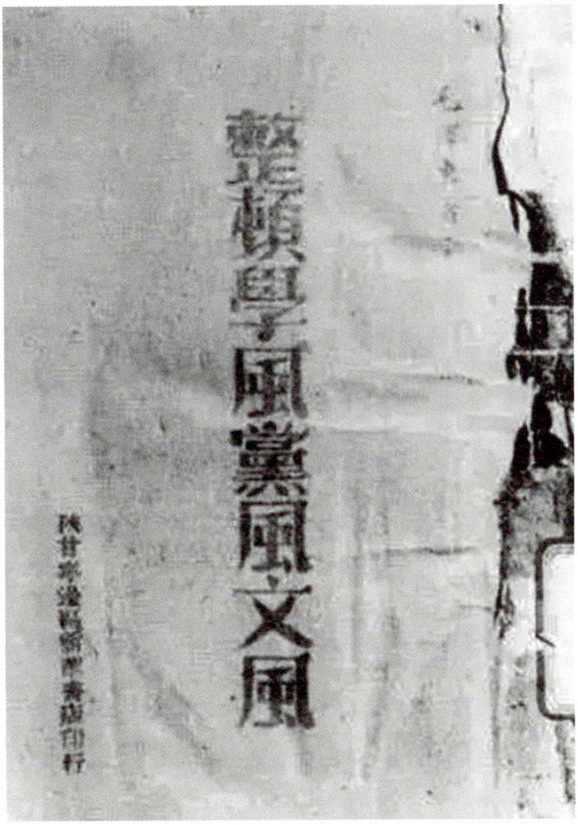

陕甘宁边区新华书店发行《整顿学风党风文风》

1943年4月，中共中央作出《关于继续开展整风运动的决定》，华中局决定开展整风学习，并把整风学习作为全年的中心任务。6月，新四军重新部署整风运动。同月，苏中区党委第四届扩大会议召开，成立了以粟裕为主任的整风学习委员会，发出《关于整风学习致各地委的电示》，决定全区从7月开始整风，要求各地委“今后工作应以整风为第一任务，一切工作必须围绕整风学习为中心进行，这是苏中全党特别是党的干部的任务。各级党委应以教育、巩固党为自己的基本工作”。

9月，苏中二分区、三分区根据苏中区党委的电示，分别开展整风运动。苏中三地委提出以整风学习为“第一位的任务”，靖江、泰兴、泰县等县县委普遍开展整风学习。靖江县委建立学习小组，每天学习2小时，各区委也成立了整风学习小组，县委还选送了几名区级干部到地委整风队学习。靖江县委要求通过学习端正思想路线，一切从实际出发，实事求是；克服“左”、右倾向，正确执行党的政策，扩大抗日民族统一战线；将学习与工作、斗争结合起来，争取更大的胜利。兴化县委组织县级机

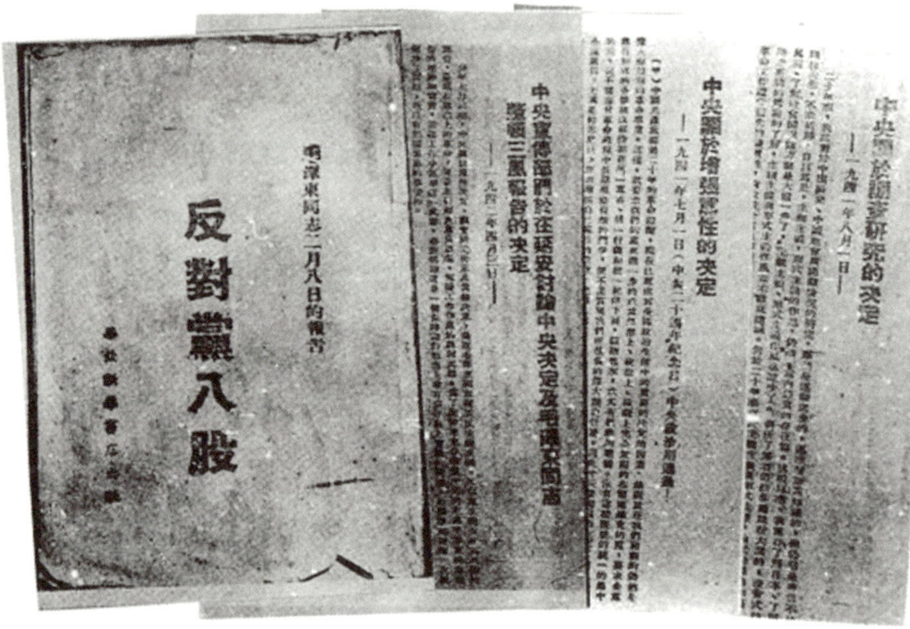

《反对党八股》文件资料

关进行整风学习，兴东县因战斗形势严峻推迟3个月开展整风。

各地委根据实际情况，初步建立起学习制度，采取边工作、边战斗、边学习的方法，组织整风学习，苏中区1000多名党员干部参加了1943年下半年开始的整风学习。由于正处于反“清乡”、反“扫荡”斗争最紧张激烈的阶段，日伪军企图从南北两个方向寻歼苏中区党政军领导机关和新四军主力部队，新四军几乎天天打仗、天天转移，加上各县政权改造、民兵工作、生产建设任务繁重，整风学习没有集中、系统推进，到1944年初，各县的整风运动仍处于探索阶段，未能形成全面开展局面，但探索出了整风的方式方法，为下一阶段全面开展整风运动奠定了思想、组织基础。

全面展开

1944年3月5日至13日，新四军一师发起车桥战役，歼灭日军460多人、伪军480多人。苏中、苏北、淮南、淮北4个抗日根据地连成一片，苏中抗日根据地得到巩固和扩大，苏中抗战形势实现了根本好转。由于苏中区有了相对稳定的环境，整风运动随之全面、系统展开，大体分整风学习、对照检查、总结提高3个阶段。

整风学习分层、分级先后开展，首先在苏中区委、各地委开展，接着在各县县委开展。车桥战役打响后，苏中区党委扩大会议在东台三仓召开，参加会议的各级领导干部率先开始整风。会议回顾了苏中区过去半年的整风学习，对下一阶段的整风进行了部署，提出除少数干部坚持在职整风学习外，大部分干部分批进党校、整风队进行半年左右的专门学习。苏中区县、团以上干部轮流离职学习，分期分批，集中到区委党校、苏中公学和各地委党校，参加整风；各地委成立整风队，抽调区、营级干部参加学习；抗大九分校抽调连、排级干部集训。学习内容主要是：反对主观主义，以改造思想方法；反对宗派主义，以增强团结；反对个人主义，以改造思想意识，着重解决学风、党风、文风不正的问题。

1944年7月，苏中三地委在如西周庄头小学举办整风学习队，靖江、泰兴、泰县等县县委书记参加。9月，泰兴县委召开整风动员大会，50多名县级机关干部和区级干部参加为期2个月的整风学习。根据苏中三地委《关于开展整风运动的补充决定》，泰县县委于1944年12月至春节前，举办了全县乡支部书记一级的党员干部整风学习班，在雅周、大坨等地流动办学，历时40多天，200多人参加学习。

各级整风学习人员集中学习《整顿党的作风》《反对党八股》《改造我们的学习》《在延安文艺座谈会上的讲话》《论共产党员的修养》等22个文件，一般分为粗读阶段和精读阶段。通过学习，领会文件的精神实质，掌握思想武器；交流学习心得体会，开展与干部谈心、与群众谈心、与组织交心等谈心活动，检查错误思想和工作偏差。整

新四军基层官兵参与整风运动

总结提高

苏中区整风运动第三阶段是总结提高，同时进一步整顿组织，将整风检查与审干防奸结合进行，清理混入革命队伍的特务、叛徒和极少数坏人。

1944年11月至1945年4月，苏中区自下而上总结了整风运动的成绩、经验和教训，进一步统一思想、增强团结。1945年1月，苏中区党委对整风工作的开展情况作了全面总结，在肯定成绩的基础上，纠正了整风过程中的一些不良倾向。

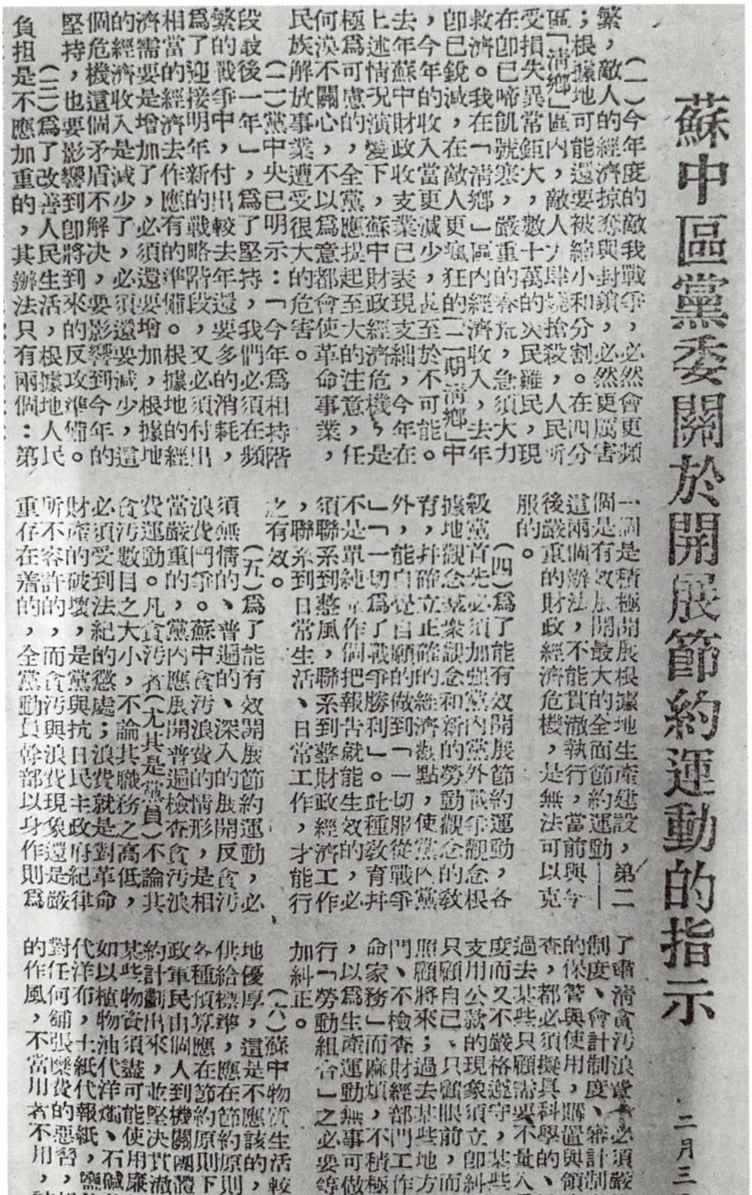
蘇中區黨委關於開展節約運動的指示

二月三日

《苏中区党委关于开展节约运动的指示》（1944年2月15日《苏中报》）

新四军的干部队伍，一部分是来自南方八省红军游击队的老革命干部和领导骨干，他们政治立场坚定，革命意志坚强，斗争经验丰富，领导方法灵活，但也不乏个人经历复杂、工作方法简单生硬、理想信念发生动摇等情况。另一部分是抗战时期从各地投身革命的青年知识分子，他们革命热情很高，思想活跃、精力充沛，有较高的文化知识水平，但存在斗争历史短、缺乏经验、个人主义和自由主义倾向、思想方法片面等问题，甚至有个别坏人或不纯分子混进部队。苏中区党委遵照1943年8月15日中央发出的《审查干部的决定》，严格掌握政策，坚持以改造党员干部思想为主，自上而下开展审干工作，并结合开展防奸、除奸工作。新老干部通过参加整风审干，普遍受到深刻的教育，各种非无产阶级思想得到系统清理。新四军各部队在整风过程中，注意联系本部队的实际情况，结合开展廉政思想教育，有效克服了个人享乐主义、怕苦畏难、资产阶级的剥削意识、官僚主义等不良倾向。

三分區黨外人士座談會
關於黨的政策作風的意見

苏中三分区召开党外人士座谈会（1945年7月5日《苏中报》）

靖江县委在整风运动中作出整党决定，以审查党员、改造支部为整党的中心内容；严肃党的纪律，对违纪行为从严处理；将整党、整政、整军密切结合，推动建党建政建军工作。泰县县委集中加强支部建设，对200个支部577名党员进行审查，对比较差的支部进行改选。凡是有条件的乡都建立党支部，并强调发展党员以贫农、雇农、中农和雇工为主。进行民族气节和政策、纪律教育，提高了党员干部的业务水平和思想水平。对犯有错误的，教育后愿意改正的同志，县委继续使用。泰县县委在整顿过程中清除不合格党员23人，纪律处分166人，极刑3人。

苏中区的整风审干工作总体上遵照党中央的部署，认真贯彻执行"惩前毖后，治病救人""既要弄清思想，又要团结同志"的方针，使大家端正了思想方法和政治路线，普遍提高了马克思主义的理论水平。整风运动使党员干部体会到思想斗争的重要，掌握了思想斗争的武器，学会了新的组织领导方法。整风工作还清除了内奸分子，党内的政治警惕性空前提高，革命保卫工作获得了许多新经验，党的组织得到了更进一步的巩固。

整风运动效果显著，影响深远。新四军一师政治部主任钟期光对整风运动进行总结时指出：苏中根据地整风运动的深入开展，给新四军部队的政治、思想、组织和作风等各方面的建设，带来了深远的影响。政治上，增强了党性，提高了执行正确路线的自觉性；思想上，增强了免疫力，提高了马克思主义水平；作风上，扫除了歪风邪气，提高了部队的战斗力；组织上，全面考查了干部，纯洁和巩固了干部队伍。

（申万霞）

苏中公学在沙沟

苏中公学旧址（兴化市沙沟镇）

抗战时期，新四军第一师创建了一所培养党政军干部的军事学校——苏中公学。随着形势的发展和斗争的需要，苏中公学曾迁驻兴化沙沟短暂办学。

1944年2月10日，苏中区党委和苏中军区为进一步巩固和扩大苏中抗日根据地，培养抗日救国人才，在原中国人民抗日军政大学（以下简称“抗大”）第九分校的基础上创建苏中公学。学校设在宝应县曹甸镇金吾庄，新四军一师师长、苏中军区司令员粟裕任校长，苏中行政公署主任管文蔚任副校长，新四军一师一旅副旅长张藩任专职副校长、校委会书记，夏征农任教育长。4月，苏中区党委机关报《苏中报》刊登苏中公学招生简章，招收初（高）中文化程度的有志青年入学，设政治、军事、文化等课程，学制半年。

苏中区党委和苏中军区对苏中公学的创办寄予厚望，社会各界也十分关注。苏中公学既不同于大学、中学，也不同于抗大、鲁艺，而是兼采两者之长，贯彻学用一致理念，集中苏中各地优秀青年，培养党政军各方面的人才。创办苏中公学的目的，一是为了培养高素质的抗日军政干部，二是为各地改造学校教育提供经验参考，三是为救济失业失学青年，引导他们投身革命。《苏中报》对苏中各地青年发出号召：凡是具有爱国热忱的优秀有志青年，都应该认清时代，认清自己的出路，努力充实自己，求得真才实学，以备将来大用，执掌地方的大权，效力国家事业，为着自己广大的出路与光明的前途而学习、而工作。

1944年6月1日，苏中公学举行第一

期开学典礼，沿用抗大的校训和校歌。学员主要有三种来源：一是苏中抗日根据地各县区选送的干部，二是通过招生简章招收的社会青年，三是来自沦陷区的进步青年等。苏中公学犹如一面大旗，把黄海之滨、大江南北的优秀儿女集结到一起，通过教育和培养，使他们成为革命的新生力量。

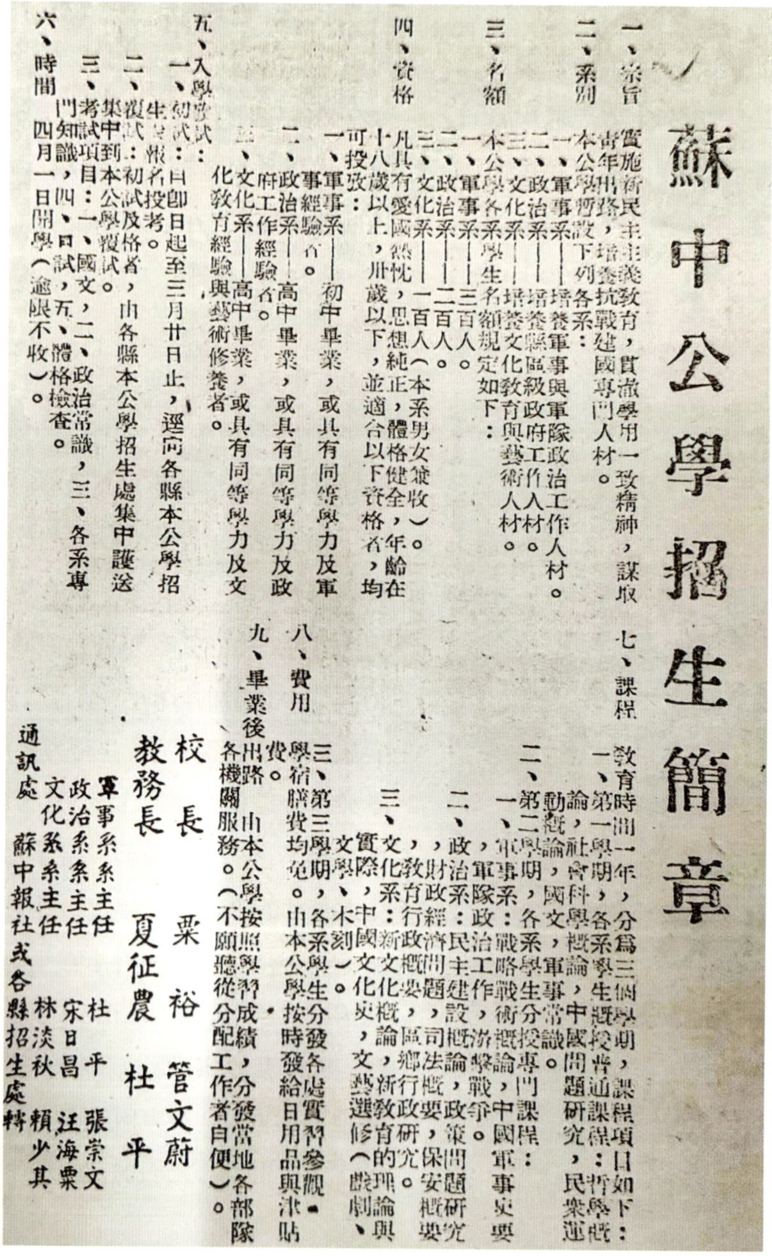

蘇中公學招生簡章

一、宗旨　實施新民主主義教育，貫徹學用一致精神，謀取青年出路，培養抗戰建國專門人材。

二、系別　本公學暫設下列各系：一、軍事系——培養軍事與軍隊政治工作人材。二、政治系——培養縣區級政府工作人材。三、文化系——培養文化教育與藝術人材。

三、名額　本公學各系學生名額規定如下：一、軍事系——三百人。二、政治系——二百人。三、文化系——一百人（本系男女兼收）。

四、資格　凡具有愛國熱忱，思想純正，體格健全，年齡在十八歲以上，卅歲以下，並適合以下資格者，均可投考：一、軍事系——初中畢業，或具有同等學力及軍事經驗者。二、政治系——高中畢業，或具有同等學力及政府工作經驗者。三、文化系——高中畢業，或具有同等學力及文化教育經驗與藝術修養者。

五、入學考試：一、初試：自即日起至三月廿日止，逕向各縣本公學招生處報名投考。二、複試：初試及格者，由各縣本公學招生處集中護送集中到本公學複試。三、考試項目：一、國文，二、政治常識，三、各系專門知識，四、口試，五、體格檢查。

六、時間　四月一日開學（逾限不收）。

七、課程　教育時間一年，分為三個學期，課程項目如下：
一、第一學期，各系學生授普通課程：哲學概論，社會科學概論，中國問題研究，民眾運動概論，國文，軍事常識。
二、第二學期，各系學生分授專門課程：
一、軍事系：戰略戰術概論，中國軍事史要，軍隊政治工作，游擊戰爭。
二、政治系：民主建設概論，政策問題研究，財政經濟問題，司法概要，保安概要，教育行政概要，區鄉行政研究。
三、文化系：新文化概論，新教育的理論與實際，中國文化史，文藝選修（戲劇、文學、木刻）。
三、第三學期，各系學生分發各處實習參觀。

八、費用　學宿膳費均免。由本公學按時發給日用品與津貼費。

九、畢業後出路　由本公學按照學習成績，分發當地各部隊、各機關服務。（不願聽從分配工作者自便）。

校長　粟裕　管文蔚
教務長　夏征農　杜平
軍事系主任　杜平　張崇文
政治系主任　宋日昌　汪海粟
文化系主任　林淡秋　賴少其
通訊處　蘇中報社或各縣招生處轉

《苏中公学招生简章》（1944年2月20日《苏中报》）

1945年2月22日，新四军一师主力部队攻克沙沟，沙沟第一次解放。3月，成立沙沟市。沙沟职工会、农抗会、儿童团、民兵武工队相继成立，如火如荼开展抗日救国的各项活动。

由于沙沟的地理位置特殊，易攻难守，日寇勾结各种反共势力多次对沙沟进行报复性的偷袭和“扫荡”，经常出现我退敌占、敌逃我进的状况，群众称之为“拉大锯”。沙沟是个阶级成分错综复杂的商业重镇，部分民众对党的抗日政策还存在着忧虑和不理解的现象，新生的抗日民主政府面临着非常严峻的考验。在这种情况下，苏中区党委和苏中军区果断命令苏中公学迁驻沙沟，肩负宣传发动群众、巩固扩大抗日根据地的神圣使命。

8月23日，苏中公学校长夏征农率1000多名学员，沿水路从宝应西安丰出发到达沙沟。校部设在镇东的古庙三元宫内，学员们则分散居住在周边群众家中。

苏中公学实行军事化管理，学员统一着军装，每班发2支步枪和手榴弹等武器用作自卫，经过大约两周的队列、军人举止、礼节等训练后，就转入政治教育和技术教育。学校实行严格的作息制度，学员每天5点半起床，上门板、捆铺草、打背包，到河边洗脸、刷牙后出操，高唱《三大纪律八项注意》《新四军军歌》等歌曲，开展射击、拼刺刀、投弹、爆破、过屏障、匍匐前进等单兵技术训练。上午8点至11点，上政治课或业务课。下午，继续上课，做社会调查或帮百姓劳动。晚上9点休息。每周一次班会，各人汇报思想，交流心得，相互监督、相互帮助、共同提高。

在战争岁月里，学员们的学习环境异常艰苦。没有校舍和课本，也没有稳定的环境和充足的供给，师生经常要在敌伪“扫荡”“清乡”中转移，但学员始终不畏艰险，坚持学习、战斗在一线。

苏中公学各个分队成立宣传组，开展口头宣传、文字宣传，全面宣传党的抗战主张。文字宣传员们在红缘黄纸上写标语，在白纸上画漫画。他们白天不休息，晚上在油灯下继续工作，第二天大街小巷、桥口路隘便张贴了标语和宣传画。长期宣传使党的抗日主张深入人心，各阶层群众的抗日斗志日益高涨，沙沟市抗日根据地建设取得新进展。

学员们严格执行三大纪律八项注意，他们为居民挑水、扫地，教居民识字，苏中公学医生免费替老百姓看病，在沙沟人民的心目中树立中国共产党和人民军队的良好形象，与驻地人民建立了深厚感情。

1945年8月15日，日本宣布无条件投降。消息传来，千余名学员与沙沟人民在体育场召开隆重的庆祝大会。由于盘踞在兴化城日伪军拒绝向新四军投降，苏中军区集中8个团7000余人的兵力，于8月28日晚发起围攻兴化城的战役。中共兴化县委、县政府发动万名民兵、民工支前战斗，苏中公学部分学生参加了战斗。9月8日，苏中公学对收复兴化城战斗中俘虏的320名伪军排长以上的军官进行整训教育，其中团长、营长25人被他们改造成人民解放军。

抗日战争胜利后，为了适应新的斗争对人才的需要，苏中公学扩大招生。1945年9月23日，苏中公学在《苏中报》上再次发布招生简章。学校迅速招收新生1000多人，在校生规模扩大了一倍。新生来源：一是各分区、县选送的干部，二是向社会上招收的学生，三是其他解放区党组织输送来的进步知识青年。

随着斗争形势的变化，1945年11月1日，苏中公学撤离沙沟，转移至台北县（今盐城市大丰区）继续办学。苏中公学办学历时2年，共开办了5期，培养4000多人，他们中大多数人成为地方和军队的基层干部。

苏中公学在沙沟虽然只有短短的70天，但学员们做了大量宣传发动群众的工作，各阶层群众的抗日斗志日益高涨，沙沟市各项工作有了新的进展，受到苏中区党委和苏中军区领导的表扬。

（朱存安）

西山寺中纵横捭阖

泰州西山寺始建于南宋，明崇祯五年（1632）重建，清咸丰年间（1851—1861）扩建，更名为西山白云寺。抗战时期，李明扬、李长江（以下简称“二李”）将国民党鲁苏皖边区游击总指挥部的指挥机关设在西山白云寺。1939年秋至1940年春，陈毅三进泰州，成功争取“二李”在国民党顽固派与新四军的摩擦中保持中立，为新四军东进黄桥以及黄桥决战的胜利奠定了重要基础。陈毅在西山寺与“二李”谈判，这座古刹见证了抗战烽火中新四军纵横捭阖、化

新四军东进泰州谈判旧址（泰州市迎春西路36-1号）

危局、开新局的统战风范。

1938年，党的六届六中全会确定“巩固华北，发展华中”的战略方针。1939年春，周恩来到皖南新四军军部，传达六届六中全会精神，与新四军军部领导商定“向东作战，向北发展，向南巩固”的战略任务。根据中共中央指示，新四军在开辟苏南茅山根据地的同时，谋划向东、向北分兵发展。陈毅派遣挺进纵队解放扬中，进驻江都大桥、嘶马地区，建立新四军渡江北上的桥头阵地。

当时苏北主要有三股军事力量：一是侵占、控制重要城镇和交通要道的日伪军，二是控制苏北大部分地区的国民党顽固派韩德勤部，三是地方实力派国民党鲁苏皖边区游击总指挥部“二李”所部。韩德勤顽固反共，“二李”遭其歧视和排挤，双方积怨颇深。为了实施“向北发展”的战略，打开苏北抗战局面，陈毅分析苏北各方军事实力及政治主张，利用国民党各派系之间的矛盾，确定“击敌、联李、孤韩”的斗争策略。

1939年秋，陈毅第一次进泰州城，至鲁苏皖边区游击总指挥部机关驻地

泰州市海陵区东进广场陈毅、粟裕雕像

西山寺作礼节性拜访。总指挥李明扬避而不见，副总指挥李长江出面接待。《陈毅年谱》记载："陈毅1945年5月1日在中共'七大'上发言时说：'我第一次见李明扬，李不见，李长江出来见面，坐在花厅里，谈得不合口味，不融洽，敷衍地谈了一套'。"《管文蔚回忆录续编》记载："陈毅由惠浴宇陪同去泰州。我原也想陪陈去，陈命我留下掌握好部队。据陈毅回来说，那次去泰州，李明扬托辞没有见他，接待也比较简慢……"陈毅向李长江表达了加强团结、通力合作、共同抗日的愿望。《陈毅军事文选》记载："（陈毅）假朱（朱德）、毛（毛泽东）名义写一问候信，并谓玉阶（朱德字）与师广（李明扬字）皆属同盟会反袁起义军伟人，措词恳切，两李颇受感动。"

武装押运弹药的陈玉生

1939年秋，李明扬利用关系争取到一批弹药，但要横渡长江，穿越敌伪几百里封锁线，通过新四军的防区从江南国民党第三战区才能运回，他一筹莫展，便请求新四军帮助。李明扬派陈玉生率1000多人到江南运弹药。陈玉生于1939年4月秘密加入共产党，到达扬中时，管文蔚向陈玉生提出，"你带一个加强营，我派一个连开路护送"。在溧阳与宜兴之间的竹箦桥，陈玉生遇到陈毅，并转交李明扬请求帮忙的亲笔信。《叶飞回忆录》记载："1939年11月11日，陈毅派挺进纵队第四团团长陶勇、政委卢胜率团部及二营协助护送。任务完成后，该部即以'苏皖支队'名义进入扬州、仪征、天长、六合地区。"13万发步枪子弹、5000发迫击炮弹、2万发盒子枪弹顺利运抵泰州，对新四军襄助之举，李明扬大为感动。

《陈毅年谱》记载："12月上旬，（陈毅）在管文蔚、惠浴宇陪同下，乘帮助李明扬运送子弹之机，第二次到泰州拜访二李。”泰州城内贴出“欢迎四将军光临泰州”的标语。陈毅和陪同人员在西山寺会见“二李”。双方会谈，在团结抗日问题上取得一致意见，达成口头协议：李部让道新四军东进沿海一带抗日；韩德勤如欲吞并李部，新四军给予李部协助；李部在其防

新四军东进泰州谈判纪念馆（泰州市迎春西路36-1号）

区内帮助新四军发展，并在经济上给予援助等。李明扬邀请陈毅在光孝寺藏经楼前给李部军官教导大队作抗日形势报告。几天后，李明扬又专程到新四军吴家桥驻地回访。

1939年11月，国民党五届六中全会制定《限制异党问题实施方案》，提出军事限共为主、政治限共为辅的方针。从此国民党军队不断制造摩擦，掀起了抗战期间第一次反共高潮，一时乌云滚滚、山雨欲来。1940年春，韩德勤奉蒋介石之命加紧拉拢“二李”，表示“摒弃前嫌、重修旧好、共同反共”，甚至直接致电李明扬施压：“以党国利益为重，共翦苏北异党异军。”正在此时，李明扬所属第九纵队盛子瑾部在淮南抗日根据地被新四军第五支队拦截，2000多人被扣押，许多士兵弃暗投明加入新四军，此举引起“二李”不满。陈毅深深意识到，盛子瑾之事如处理不当，将给韩德勤以挑拨离间之隙，一着不慎，可能前功尽弃。

1940年3月，驻大别山的国民党军李品仙部和苏北韩德勤部调集优势兵力，对皖东半塔集新四军发起全面进攻，严重威胁着皖东新四军的生存和发展。陈毅急令挺进纵队主力驰援半塔集，驻地吴家桥只有2个营留守。为了保证吴家桥这一苏北桥头堡的安全，争取李明扬中立，危急时刻，陈毅冒着生命危险第三次进泰州，向李明扬解释误会，承诺释放盛子瑾夫妇。陈毅光明磊落、坦然来访消除彼此误解的举动，让李明扬大为感动，他表示继续信守中立，决不趁火打劫。

“二李”作为国民党中间势力，具有摇摆性。1940年6月，“二李”在韩德勤的挑唆下，纠集13个团，以10倍于新四军的兵力，进攻在郭村休整的新四军挺进纵队。新四军一面向“二李”呼吁团结，停止进攻；一面急调苏皖支队火速驰援，最终歼灭李部3个团的兵力，彻底粉碎“二李”的进攻。新四军收兵于泰州城下，向“二李”重申团结抗战主张，并释放全部俘虏。陈毅认为，战役和战术上的胜利，不等于战略上的胜利，要打开苏北局面、打败韩德勤，就必须争取“二李”。胜利方主动言和，“二李”始料未及，大呼：“新四军真正是仁义之师。”“二李”答应保持中立并帮助新四军东进，这为黄桥决战胜利奠定了重要基础。

新中国成立后，西山寺作为新四军东进泰州谈判旧址得到保护。1985年，全国人大常委会副委员长叶飞题写“新四军东进泰州谈判旧址”。2000年，泰州市把西山寺改建为新四军东进泰州谈判纪念馆。2008年，进行改扩建，并重新布展。

（陆　敏）

黄桥镇里应者云集

1940年7月，新四军东进黄桥，开辟以黄桥为中心的抗日根据地。为壮大抗日力量，巩固根据地，新四军广泛开展统战工作、民运工作，发动广大人民群众，团结一切可以团结的力量，建立起最广泛的抗日民族统一战线。

发动群众

新四军进驻黄桥后，建立党政机构。8月初，成立黄桥军民联合办事处，负责办理地方行政和战勤工作。随后，

新四军进驻黄桥

陈毅、粟裕在黄桥

成立通如靖泰临时行政委员会。9月中旬，成立中共苏北区委员会，对苏北地区的党组织实行统一领导。地方党组织适应新的斗争形势，放手发动群众，领导成立各种抗日团体。

8月20日，新四军苏北指挥部、新四军军分会联合发出《对于创建黄桥大根据地的指示》，着重指出：“目前的工作任务，积极充实主力，严格整训部队，努力民众运动，建立民主政权工作的基础，随时准备迎接反‘扫荡’、反摩擦的胜利。”新四军苏北指挥部从战地服务团抽出干部组成民运工作队，协同地方党组织发动群众，进行抗日民主根据地建设。

部队的同志每到一地，每住一处，严格执行纪律，帮助群众挑水、生产劳动，和群众打成一片，向群众做宣传工作。群众称赞新四军是人民自己的军队，“吃菜要吃白菜心，当兵要当新四军”的歌谣在群众中传唱。新四军进驻黄桥2个月，3000多名青年参加了新四军和地方武装。

民运工作轰轰烈烈地开展，在很短的时间内，黄桥方圆几十里，农抗会、妇抗会、青抗会等各种抗日群众团体如雨后春笋般发展和组织起来。黄桥及周围农村的工人、农民、青年、妇女、学生、教师、商人甚至和尚、道士都参加各类抗日协会，儿童成立儿童团。黄桥镇区1万多人，6000多人参加了各种抗日团体。青抗会抽调骨干四五十人组成黄桥青年服务团，以何家祠堂为活动地点，集中食宿，宣

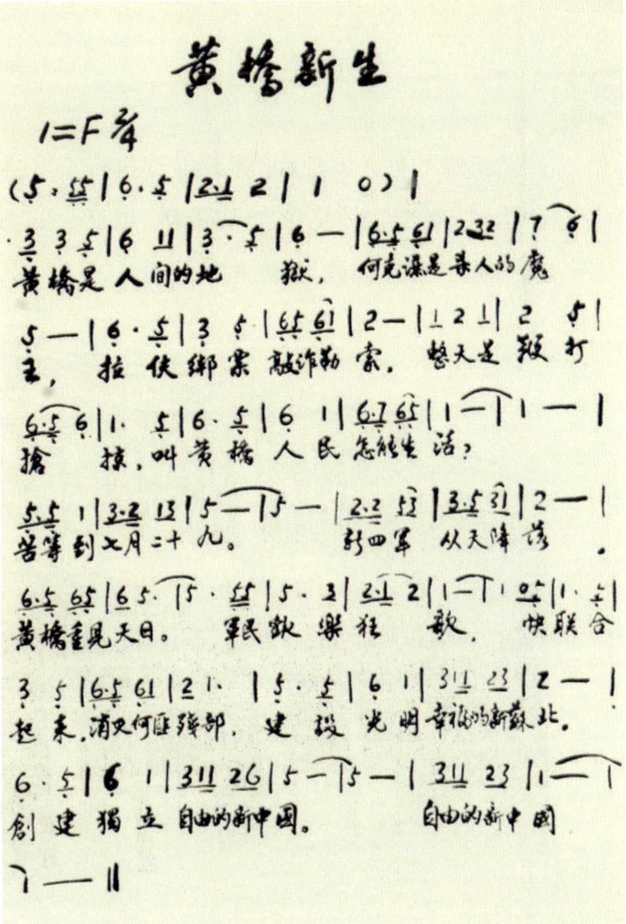

《黄桥新生》词谱

传共产党、新四军的政治主张，唱歌、演话剧，几乎每晚都有演出。黄桥工抗会提出劳资两利、互助互让的口号，黄桥老宝成烟厂适当地提高工人工资。各地农抗会开展减租减息。妇抗会通过加强教育，提高妇女地位，抵制轻视和打骂妇女的风气，从而吸收了很多妇女参加解放自己的组织。商抗会和商会在合理负担的口号下，帮助筹款筹粮。

真心感召

新四军东进黄桥后，陈毅继续执行“击敌、联李、孤韩”的统战策略，以只求“救国有份，抗战有地”的一片诚心，争取、团结一大批进步人士，在政治上孤立韩德勤。

进驻黄桥后，陈毅召开黄桥全镇包括地主士绅和保长参加的各阶层人士会议，阐明共产党抗日民族统一战线政策，揭露国民党顽固派对共产党、新四军的造谣中伤。会后，新四军发起进攻，攻克季家市、西来镇的日伪据点。一些原对新四军抗日持怀疑态度的中上层人士，认识到新四军是真正抗日的军队。

朱履先追随孙中山时，曾被委任为陆军第二师中将师长兼南京城防司令，抗战爆发后归隐黄桥，多次拒任伪职，在苏北中上层人士和知识分子中有较高威信。陈毅登门与他促膝而谈，宣传共产党和新四军的抗日主张，邀请他参

黄桥决战支前委员会旧址（泰兴市黄桥镇何氏宗祠）

加抗日工作。朱履先被陈毅的真诚所感动，向新四军提出开征救国公粮的建议，并参加开征救国公粮动员大会，以黄桥“首户”的身份，带头捐献5万元现款和500石粮食。黄桥各界人士受其影响，纷纷表示“唯履公马首是瞻”，支持开征救国公粮。

黄桥决战打响时，朱履先不顾个人安危，陪同陈丕显、管文蔚检查黄桥镇内各项支前工作，挨家挨户动员，组织群众支前助战。

打和并重

新四军东进黄桥途中，韩德勤令何克谦的江苏保安第四旅和陈泰运的税警总团南北夹击新四军。新四军对两人采取不同对策，对坚持反共立场的何克谦坚决打击，对陈泰运则采取了“以斗争求团结”的方法。在击溃陈泰运2个团后，如数遣还俘虏及枪支，对其进行说服教育，希望他与新四军合作抗日。

1940年9月初，韩德勤派出两路人马进犯黄桥。9月6日，新四军在营溪反击来犯顽军，歼灭先头部队2个团，其余顽军缩回海安一线。为了分化瓦解韩德勤部，扩大新四军影响，陈毅给被俘官兵做报告，宣传抗日，释放全部被俘人员，发还大部分枪支，并致信江苏保安第一旅旅长薛承宗，希望他以民族大义为重，一致团结对敌。薛承宗很有感触，黄桥决战期间，他借故拒绝了韩德勤要求其出兵的命令。

韩德勤不甘心营溪战斗的失败，派反共顽固派江苏保安第九旅张少华部进驻姜堰，封锁通向黄桥的粮食运输通道。9月14日，新四军攻克姜堰，再次向韩德勤声明“停止内战，团结抗日”的主张。韩德勤以“新四军如有诚意，应首先退出姜堰”相挟，为新的进攻制造借口。9月27日，苏北八县军民代表会议在姜堰曲江楼召开，为表团结抗日的诚意，陈毅顾全大局，决定撤出姜堰。新四军将姜堰交由李明扬、李长江接防，向陈泰运赠送100多条枪。

新四军撤回黄桥后，韩德勤调集3万多人进攻黄桥，而黄桥新四军的作战兵力只有5000多人。李明扬、李长江能否保持中立，对于黄桥决战的战局走向至关重要。为促使李明扬恪守中立，陈毅再次派朱克靖赴泰州，继续做李明扬的工作。李明扬表示不会参加反共的内战，并应允新四军援兵可以通过其防区，抵抗韩德勤的进攻。黄桥决战爆发后，朱克靖寸步不离，稳住李明扬，防止发生变故。同时，与陈泰运保持电话联系，说服他按兵不动。新四军的统战

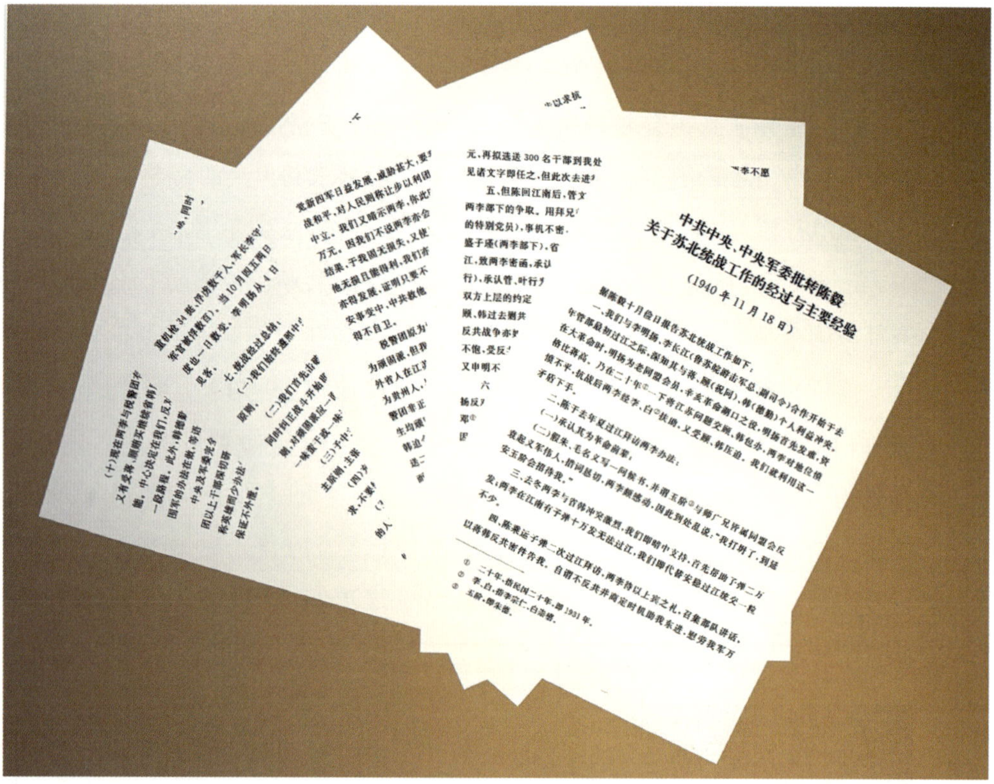

《中共中央、中央批转陈毅关于苏北统战工作的经过与主要经验》

工作成功分化瓦解了韩德勤纠集的3万多兵力，李明扬、陈泰运部1.2万多人以及江苏保安第一、第五、第六、第九、第十5个保安旅7000多人基本持观望态度，只有韩德勤嫡系主力第八十九军、独立第六旅等13个团1.5万余人大胆冒进，进攻黄桥。

毛泽东指出：“抗日战争胜利的基本条件，是抗日统一战线的扩大和巩固。而要达到此目的，必须采取发展进步势力、争取中间势力、反对顽固势力的策略，这是不可分离的三个环节。”新四军坚决、灵活和出色地运用这一策略思想，在黄桥地区深入开展统战工作，争取、团结一切可以团结的力量，最大限度地孤立、削弱了顽固派韩德勤，从而在军事上实现以少胜多，保证新四军在黄桥决战中取得政治和军事两个方面的巨大胜利，开创了苏北抗战新局面。

（姚俊峰）

曲江楼上相忍为国

1940年9月14日凌晨，新四军苏北指挥部攻克姜堰镇。当日，陈毅率新四军苏北指挥部进驻姜堰。陈毅在姜堰广交朋友，经常在曲江楼与各界人士会晤，宣传抗战。黄桥决战之前，这座小楼一度成苏北的焦点。苏北八县军民代表会议在此召开，陈毅呼吁团结抗战，宣布让出姜堰，赢得苏北社会各界的支持，在政治上孤立了韩德勤。

新四军苏北指挥部进驻姜堰后，

姜堰曲江楼（1940年）

再次申明“停止内战，团结抗战”，只求“救国有份，抗战有地”。新四军苏北指挥部派出朱克靖，与国民党战地党政委员会鲁苏分会中将委员黄逸峰等人到泰州、曲塘、海安，联系苏北军、绅、商、学各界，宣传新四军团结抗日的主张。陈毅拜访苏北上层士绅代表人物海安的韩国钧、黄桥的朱履先等，表明新四军在苏北停止内战、共同抗日的诚意。

韩国钧

韩国钧于1913年、1922年出任江苏民政长、江苏省省长，韩德勤的许多部属是他的拜帖门生。韩国钧民族责任感很强，极力主张抗日。团结韩国钧，对于争取苏北中上层人士，扩大党在苏北的抗日影响力，孤立、削弱韩德勤为首的顽固派势力很有作用。新四军攻克姜堰后，陈毅写信给韩国钧，希望韩国钧主持正义，出面斡旋，调停苏北军事摩擦，信中说：“紫老为我省耆宿，德高望重，只要登高一呼，万民一定归从。”陈毅又专程拜访韩国钧，请他出山，为苏北联合抗日而奔走，韩国钧表示愿意“筹划进行”。

9月中旬，韩国钧在海安主持召开“停止苏北内战，团结抗日”座谈会，季方、朱履先、李俊民等苏北著名人士出席会议。会上，韩国钧、黄逸峰、季方等联名发出3份函电。第一份通电苏北各方军事长官，调解苏北矛盾，呼吁停战息争，一致抗日，并提出5条建议。李明扬、陈泰运回电“极表赞同”，表示“全部接受，并努力促其实现”。第二份通电控诉韩德勤在苏北肆意排斥异己，虐待民众，请国民党息战停争或派要员挽救危局。第三份通电控诉顽军贩粮资敌和封锁禁运粮食。由陈毅倡导，得到苏北各界拥护的反摩擦、争和平的政治攻势，让韩德勤陷入十分被动的境地。为欺骗民众，韩德勤向韩国钧发来电报，说“新四军如有合作诚意，应首先退出海安、姜堰，再言其他”，以要挟新四军退出姜堰作为谈和条件。

为了应对韩德勤的军事围困，进一步揭露韩德勤的阴谋，陈毅又致函韩国钧、黄逸峰及苏北绅商代表，提议召开苏北军事会议，停止摩擦，实现和平，共同分配抗敌任务，发动大军加强对敌伪的打击；召开苏北军民代表会议，容纳民意，彻底整军，澄清吏治，改造苏北，增加抗战实力等。这些建议得到了包括绅商代表在内的苏北广大人民的肯定。

9月27日，由黄逸峰出面召集的苏北八县军民代表会议在姜堰曲江楼召开，议题就是实现苏北和平，分区抗敌，改造苏北政治。会议由黄逸峰主持，朱履先、黄辟尘、胡显伯、卢芷庵、潘伯融、蔡达人、陈受六等苏北名流参会。韩国钧年事已高，派代表出席，李明扬、陈泰运也派代表参加。季方以国民党中央军事委员会战地党政委员会少将指导员的身份出席，他思想进步，支持新四军抗日，为苏北团结抗战做了不少工作。但是韩德勤仍然拒派代表参加会议，并打来电报，要新四军让出姜堰。

联合抗战座谈会会址（海安韩国钧故居）

陈毅在会上表示：“韩先生既有电报要新四军让出姜堰，作为实现和平之基础。对这点，我们认为不成问题，而且只要对抗战稍有一点益处，我们还可以作更大的让步。不过让出姜堰要有保证，只要政治上保证省方改变态度，以友党友军看待新四军，协商苏北抗敌问题，我们就可以退出姜堰。”陈毅进一步向代表们表明新四军的意见：“只要有利于抗战，有利于人民，我军虽血涂四野，万死不辞。但求对方诚心履行诺言，不再逼人过甚；不逼我们退到黄河以北，不逼我们抗日无地到长江喝水的地步，我军还可以容忍退让。现在我军既见逼于江南，又被胁于江北，竟不许中国抗战的人民军队在祖国土地上有抗日的自由权利，那是不行的，不能容忍的！即令我党我军可以牺牲，而中华民族利益是不可牺牲的！如省韩必欲置我党我军于死地，只有出于自卫一途。即是说我军退到黄桥，决不再退！”

新四军相忍为国、顾全抗战大局的民族大义，激起了整个会场强烈的反响。陈毅的讲话有情有理，严正磊落，字字千钧，深得与会代表的敬佩。

9月30日，新四军践行诺言，退出姜堰，交由李明扬部接防，同时送给陈泰运100多条步枪和几挺轻机枪。陈毅再次致函韩国钧，表明新四军态度：若韩德勤不守信义，继续进逼，新四军将不得不被迫还击。10月3日，黄桥决战打响，新四军以少胜多，取得黄桥决战的胜利。

新四军让出姜堰一举而三得：揭露

姜堰曲江楼苏北八县军民代表会会场

姜堰曲江楼

了韩德勤反共、破坏抗战的阴谋，在政治上赢得主动；争取了李明扬、陈泰运的中立，实现了“击敌、联李、孤韩”的统战目标，扭转了军事上不利的局面；在军事部署上，集中兵力于黄桥，防止了分散对敌，保证了最终胜利。

新中国成立后，泰县加大曲江楼的保护力度，1985年9月，曲江楼被公布为泰县首批县级文物保护单位。1986年，进行整体维修，并重新布展，管文蔚挥毫留下《修复曲江楼纪念》：“曲江楼上风雷滚，血战黄桥万古奇。革命道路多曲折，莫道幸福来得易。”1997年，曲江楼被辟为新四军苏北指挥部旧址。

（蒋跃华　丁　云）

新四军苏北指挥部

1940年7月，新四军苏北地区的部队在江都塘头改编为新四军苏北指挥部。新四军苏北指挥部是新四军军部对苏北地区新四军实施统一领导的派出军事机构，相当于部队的建制番号，既指其所辖部队，亦称这支部队的指挥机关。新四军苏北指挥部先后在泰兴老叶庄、黄桥镇，泰县姜堰镇，泰兴严徐庄等地设立指挥机关，其中黄桥、姜堰、严徐庄建有新四军苏北指挥部纪念设施。

新四军苏北指挥部旧址（郭村塘头于家花园）

在老叶庄指挥攻取黄桥

1940年7月4日，郭村保卫战胜利，新四军挺进纵队指挥机关进驻江都塘头于家花园。7月8日，新四军江南指挥部机关及老二团、新六团渡江北上，与挺进纵队、苏皖支队在塘头会师。为了加强苏北地区党和新四军的统一领导，7月9日，陈毅致电中原局并转中央，报告郭村战斗简况，提出部队进一步行动的建议，同时要求“对苏北党政军民整个工作布置及组织领导关系，均请指示，以便赶上局势及新发展”。7月12日，中共中央指示将新四军在苏北的部队改编为苏北指挥部，陈毅任指挥兼政委，粟裕任副指挥，刘炎任政治部主任。7月下旬，完成改编。新四军苏北部队统一整编为3个纵队：第一纵队司令员兼政委叶飞，辖第一团、第四团、第五团；第二纵队司令员王必成、政委刘培善，辖第二团、第六团、第九团；第三纵队司令员兼政委陶勇（10月刘先胜任政委），辖第三团、第七团、第八团。新四军苏北指挥部共7000多人，数量虽不算多，但统一了指挥，部队面貌焕然

一新，准备东进。

7月14日，陈毅致电新四军军部："决定整顿一礼拜即向东挺进，在泰兴、靖江、南通、如皋地区建立根据地，以黄桥为中心。这一沦陷地区，无国（民）党主力，仅仅有地方土匪游击部队及伪军，我们有地方党基础，可成为有理有利之发展。"7月25日，新四军苏北指挥部所属各纵队从郭村、吴家桥等地分三路出发，东进黄桥。陈丕显回忆，"指挥部要求全体指战员做好打运动战、歼灭战的准备，采取远道奔袭、分割围歼的战术，挥戈东进、直取黄桥"。粟裕回忆，"我军以战斗姿态于7月26、27两日通过口（岸）泰（州）线上寺巷口、缪（庙）湾等两李防区，李部如约让路，并朝天鸣枪，我军佯作夺路而过"。

韩德勤获悉新四军东进，即令何克谦率省保安第四旅由黄桥及其以南地区向北攻击，陈泰运率税警总团由曲塘南下至泰兴北新街一带，妄图南北夹击，消灭新四军于运动中。新四军苏北指挥部采用不同的对策解决何克谦、陈泰运的进攻。

陈丕显回忆，"我随陈毅同志及指挥部机关稍迟一天出发……27日夜间，我们通过泰州至口岸附近时，两李所部驻军如约让路……部队刚过泰兴境内宣堡，前方就送来情报"。前方战报：新四军在北新街、薛家垛一线与税警团交火。指挥部机关继续前进，驻扎于黄桥以西约20多里的老叶庄。新四军击溃了税警团2个团，俘虏几百人，缴获大批枪支弹药，战后又如数遣返俘虏、送还部分枪支，陈泰运表示与新四军团结抗日。二纵继续前进，分兵占领了黄桥镇以北的蒋垛、营溪、古溪等地。一纵突击攻取黄桥东边的分界、搬经，切断了何克谦的退路。三纵一部向黄桥以南地区迂回，对黄桥形成包围。28日，陈毅坐镇老叶庄指挥，粟裕及各个纵队负责人前线指挥。当夜向黄桥镇何克谦所部江苏保安第四旅发起总攻，29日拂晓时分，歼灭何克谦部主力2000多人，解放黄桥。新四军继续分兵前进，东进如皋、如西地区，南下靖江地区。

在黄桥镇发动群众

1940年7月29日，新四军苏北指挥部机关移驻黄桥中学工字楼。指挥部派出干部、民运工作队和战地服务团，协同地方党组织发动群众，开展抗日民主根据地建设。成立苏北军政干校，开办党员训练班，出版石印的《抗敌报》（苏北版），动员青年参加新四军，扩充苏北指挥部的军事力量。设立黄桥军民联合办事处，组建通如靖泰临时行政委员会，成立泰县、如皋、靖江、泰兴抗日民主政府。通如靖泰临时行政委员会颁布抗日民主施政纲领、“二五减租”法令和群众团体组织法，成立农抗会、妇抗会、青抗会等团体，进一步动员黄桥及周边地区的群众支持抗战、参加抗战。

为积极应对反共顽固派韩德勤处心积虑的军事进攻，新四军早作反摩擦作战准备。新四军苏北指挥部、中央军委新四军军分会联合下达《对于创建黄桥大根据地的指示》，强调“随时准备迎接反扫荡、反摩擦的胜利”。新四军苏北指挥部政治部发布《九月份政治工作方针的训令》，提出“准备决战是中心”“决战决定一切”。

9月3日，韩德勤调集军队，兵分两路，经蒋垛、古溪进攻黄桥。新四军苏北指挥部采取自卫立场，诱敌深入，逐步收缩防线，于9月6日迅速发动反击，在营溪一带歼灭大胆冒进的江苏保安第一旅1个多团、一一七师一部，顽军余部回窜。

韩德勤第一次进攻黄桥的图谋失败后，又实施“堡垒推进”战术，命令驻姜堰江苏保安第九旅张少华部封锁通向黄桥的粮道，命令“二李”部、陈泰运部步步为营，进逼黄桥，将新四军

新四军苏北指挥部旧址（黄桥中学工字楼）

的活动范围逐渐压制于沿江狭长地带，并企图引诱日伪军围歼新四军。

为了打开局面，新四军苏北指挥部于9月12日深夜对姜堰镇发起攻击，13日夜发起总攻，14日晨攻克姜堰，全歼顽军1000余人，缴获大批武器、弹药、粮食。

在姜堰镇开展统战

1940年9月14日，新四军苏北指挥部机关从黄桥迁驻姜堰镇。在姜堰期间，陈毅经常在曲江楼开会，与各界人士共商抗战大计。改革开放后，曲江楼辟为新四军苏北指挥部旧址。

面对错综复杂的政治形势和严峻的军事压制，新四军呼吁停止内战、团结抗日。进驻姜堰第二天，新四军苏北指挥部派出管文蔚、朱克靖等，与李明扬、陈泰运及各保安部队联系沟通，加强对他们的统战工作，晓以民族大义，进一步争取他们在韩顽可能发动的进攻中保持中立。同时，积极做好韩国钧、朱履先等苏北士绅名流的统战工作，赢得道义上的支持，掌握政治上主动权。陈毅广泛结交姜堰士绅商贾，把抗日救亡的工作做到猪行、木行、粮行等大老板家里，士绅民众纷纷表示支持新四军团结抗日。

经过多方呼吁争取，9月27日，苏北八县军民代表会议在姜堰曲江楼召开，新四军代表，国民党军队代表，苏北八

新四军苏北指挥部旧址（姜堰曲江楼）

县社会名流、士绅代表30多人参加会议。韩德勤拒绝派代表参加会议，并无理要求新四军退出姜堰。会上，陈毅进一步宣传新四军团结抗战的主张，申明为了顾全抗战大局，新四军可以让出姜堰，但“如省韩（德勤）必欲置我党我军于死地，则我只有起而自卫一途”。9月30日，新四军苏北指挥部撤出姜堰。为争取中间势力，姜堰交由李明扬接防，新四军又主动送陈泰运部100多支枪。

陈毅在总结黄桥战役时指出，放弃姜堰是以退为进，关键是要揭露韩德勤积极反共、破坏抗战的阴谋，最大限度地孤立韩德勤，进而争取了广大群众的支持。

在严徐庄运筹决胜

早在东进黄桥之前，陈毅分析苏北形势，就预料到与韩德勤必有一战。7月25日，陈毅致电新四军军部，“东进黄桥，应先求得抗日战斗大小胜利，以发动人民，同时必不免再与韩（德勤）、冷（欣）起冲突……东进胜利有可能与省韩（德勤）恶战，但又可能逼迫省韩（德勤）向我妥协从而谈判江苏问题”。

新四军攻取姜堰后，韩德勤就开始排兵布阵，调集包括其精锐主力在内的26个团3万余人，兵分三路，妄图围歼新四军于黄桥。9月30日，新四军苏北指挥

新四军苏北指挥部旧址（泰兴市黄桥镇严徐庄）

部机关刚撤向黄桥，韩德勤立即发出所谓的“追剿令”：“姜堰之‘匪’确已向黄桥方向撤退，由此足证我战略上已获先制之利”“现‘匪’胆已寒，必不敢与我决战，我务集中力量，力求主动，切勿为‘匪’阻止，致成胶着状态”“此次决战关系苏北及我团体整个军事问题至大，事已至此，应不惜牺牲达成我最后目的”。但韩德勤出师不利，9月30日的一场暴雨迟滞了顽军的行动。

顽军大兵压境，新四军苏北指挥部只有5000多战斗兵力，而黄克诚率领的八路军南下部队受敌、伪、顽的牵制，仍滞于老黄河以北地区，罗炳辉率领的新四军第五支队受到津浦路东敌伪威胁，暂难东渡运河，援军短时间难以抵达形成直接的战斗支援，形势十分严峻。10月2日，中共中央致电周恩来，提出“韩不攻陈，黄不攻韩；韩若攻陈，黄必攻韩”战略配合方针，“望先告何应钦停止韩的行动，否则八路军不能坐视”。新四军苏北指挥部反复研究，决定“独立解决韩德勤”，确立“以黄桥为轴心，诱敌深入，各个击破”作战方案。

在兵力部署上，新四军苏北指挥部以四分之三的兵力作为突击力量，仅以四分之一的兵力守卫黄桥。在战前动员上，政治部印发《敬告指战员同志书》，反复强调打好这一仗的政治、军事意义，号召全体指战员为打败顽军进攻而

严徐庄指挥所场景复原（黄桥战役纪念馆）

战，为巩固和扩大苏北抗日民主根据地而战。新四军苏北指挥部发布了《告苏北各界人士书》《告江苏省保安第六旅全体官兵书》。在后勤保障上，2个多月的抗日根据地建设发挥了重要作用，3000多热血青年参加新四军或地方武装，地方党政组织广泛发动方圆几十里的群众参与支前。

抗战以来，全国规模最大的一次反摩擦战斗即将打响。新四军苏北指挥部在黄桥镇北边约12里的严徐庄设立指挥机关，陈毅坐镇指挥，统揽战场全局。粟裕在黄桥镇负责战场指挥。三纵坚守黄桥，一纵在左，二纵在右，迂回隐蔽集结于顽军进攻路线的两侧，诱敌进入埋伏圈，分割包围，逐一歼灭。

10月3日，顽军向黄桥攻击前进。新四军二纵在营溪、古溪、加力一线打响前哨战。10月4日清晨，顽军三十三师猛攻黄桥东门，战斗异常激烈。新四军奋起还击，激战至下午2点，新四军三纵连续打退顽军多次冲锋，守住黄桥。下午3点左右，从高桥以一字长蛇阵向黄桥北门推进的翁达独立六旅进入新四军一纵的伏击圈。新四军将其拦腰截成几段，各个歼灭，全歼独立六旅，旅长翁达自杀。10月4日夜，新四军二纵迂回穿插，与新四军一纵配合，将顽军三四九旅和三十三师分割包围，歼三十三师主力于小二房庄。新四军三纵一部从黄桥出击，配合二纵围歼三十三师，活捉三十三师师长孙启人。10月5日晚，新四军3个纵队联合发起总攻，激战一夜，至6日清晨，歼灭顽军八十九军军部，军长李守维骑马逃跑落水，淹死于挖尺沟。黄桥一战，共歼顽军1.1万多人。

黄桥决战后，新四军乘胜北上。10月7日，陈毅率苏北指挥部部分工作人员到达海安西南的营溪，部署进军海安。9日，陈毅率指挥部机关及直属部队进抵海安。

（申万霞）

郭村保卫战

1939年初，新四军挺进纵队分兵渡江北上，在江都大桥一带创建苏北抗日桥头堡，12月挺进纵队主力移驻江都吴家桥一带，开辟敌后抗日根据地，开展对敌游击战争。新四军在苏北的发展壮大，使反共顽固派韩德勤如鲠在喉、如芒在背，唆使国民党鲁苏皖边区游击总指挥部围剿新四军。1940年6月28日至7月4日，新四军在郭村奋起还击，击退顽军。

挺纵进驻郭村

1940年3月21日，皖东新四军第五支队驻地半塔集地区遭到国民党韩德勤部万余人的围攻，23日叶飞率挺进纵

郭村保卫战纪念馆

1940年5月，新四军挺进纵队缴获日军武器

队4个营从江都吴家桥紧急驰援，26日击退顽军独立第六旅，歼其1个营。战斗胜利后，中原局书记刘少奇与叶飞作一席长谈。刘少奇指出，发展华中、开辟苏北不光是新四军的任务，而是全党的任务，要解决苏北问题，必须把新四军和八路军打成一片，建立华中抗日根据地。国民党顽固派已经确定要进攻新四军，顽固派既然来进攻，新四军就有理由奋起自卫。中央抽调八路军黄克诚纵队南下，已到达陇海线；新四军江北指挥部第四、五支队在皖东的部署也已展开；江南新四军也准备渡江北上，对苏北形成三面合围的态势。他希望叶飞贯彻中央的路线，在苏北担负起“引敌围攻，孤军坚守，待援歼敌”的任务。

半塔集解围后，刘少奇希望挺进纵队留在皖东地区，与其他几支新四军一道发展苏北。挺进纵队留在江都只有2个营，难以更好地开辟根据地，陈毅连连电令叶飞率部东返。后经请示中央，5月4日，毛泽东、王稼祥致电刘少奇：望令叶飞部开返苏北，在苏北地区放手发展……韩德勤如妨碍我发展，须坚决消灭之。5月中旬，叶飞率部返回江都吴家桥地区。17日，500多日伪军“扫荡”吴家桥，挺进纵队部队未能休整便投入反“扫荡”。双方激战1

昼夜，日伪军死伤惨重，逃回江都仙女庙据点。为防止日伪军集结更多兵力再次进行报复性“扫荡”，挺进纵队撤出吴家桥，转移到通扬河以北、宜陵东北的郭村休整。

郭村地形复杂，北边、东边是水网，南边是开阔地，易守难攻。郭村正好处于日伪、韩顽、“二李”三股势力的结合部，矛盾错综复杂。挺进纵队到达郭村后，叶飞执行中央路线，发动群众，建立抗日民主政权，扩大部队。陈毅认为“苏北形势的特点是我在敌、顽、两李三方面包围形势下，我方力量较弱，尚未准备完成，如采取三面进攻，则必然失败。目前应积极与两李亲善，并秘密进行其上、中、下层的争取工作”“你们应在此时机积极进行大桥、新老洲、宜陵、吴家桥一带的动员工作，扩大自己，锻炼部队，积蓄力量，坚忍镇静，不要轻举妄动”“目前应充分准备应付突然事变，积极争取两李”。

战事一触即发

陈毅根据中央指示和苏北军事力量局势，提出“击敌、联李、孤韩”的策略，三进泰州城，成功争取“二李”团结抗日。“二李”作为苏北的中间势力，在抗日这一根本立场上存在一定程度的摇摆性。郭村是“二李”防区的咽喉，“二李”见挺进纵队有长期驻守之势，多次派人要求挺进纵队撤离。韩德勤利用“二李”对蒋介石、顾祝同的畏

新四军挺进纵队召开动员大会

惧以及挺进纵队在苏北发展的疑惧心理，恩威并施，表示要“摒弃前嫌，重修旧好，共同反共”，煽动“二李”武力解决挺进纵队。

在韩德勤的挑唆和日伪军的蛊惑下，6月下旬，李长江向挺进纵队下达最后通牒，限3天内退出郭村。挺进纵队立即电告中原局和新四军江南指挥部。刘少奇要求叶飞坚决自卫，“造成充分政治理由，然后再由八路军与（新四军）四、五支队援助你们协力侧击顽固派”。新四军江南指挥部陈毅电示叶飞：江南部队正同国民党冷欣部队激烈交战，暂时无法过江支援，上策尽量避免与“二李”冲突，不能避免也要尽量拖延；中策是战争不可避免或无法拖延，争取退到吴家桥一带打；下策是在郭村打，易受包围，态势不利，并指示派出代表赴泰州谈判，以争取时间。

挺进纵队接到刘少奇和陈毅指示后，召集团以上干部和苏北特委领导人慎重研究，认为坚守郭村的一切准备都已就绪，地方干部、医院伤员都已撤回郭村，周围防御工事也初步完成，如仓促撤离，必遭李部阻击，处境更为不利。挺进纵队一面作紧急迎战的准备，一面派政治部主任陈同生、调查科科长周山前往泰州，与“二李”谈判。挺进纵队致电中原局和新四军江南指挥部，决定固守郭村。陈毅接电后十分焦急，一面急电苏皖支队火速驰援，一面准备渡江，争取在战斗打响前赶到郭村，亲临决策。

郑少仪夜送情报

6月27日，韩德勤下达作战命令。李长江随即在泰州召开紧急军事会议，进行作战部署，决定第二天进攻郭村。中共泰县县委获悉李长江围攻郭村的兵力部署，在李部第二纵队政训处担任政训员的中共地下党员郑少仪得知李部进攻的具体时间。为迅速把这2份情报送出去，郑少仪找了一个借口，甩开身边的勤务兵，换上便装，避开“二李”部队驻扎的村庄，黑夜里转田埂、绕河汊，半夜时分由老乡帮助撑船过河，赶到郭村。

刚进入郭村，郑少仪就被新四军哨兵抓住，立即被送到值班科长彭德清处，先后见到了苏北特委书记韦一平、挺进纵队副司令叶飞。叶飞回忆：现在弄清了敌人的部署，弄清了敌人发起进攻的时间，非常重要。叶飞午夜12点接获情报，12点半下达命令：“赶快吃饭，四点钟以前全部进入防御阵地，准备迎击敌人。”

两支部队起义

6月28日，李长江纠集3个纵队，加上国民党保安三旅张星炳部，共13个团的兵力，对郭村四面包围，发起第一次总攻。挺进纵队将部队收缩于郭村、西周庄坚守，利用李部各路间互不配合的弱点，采取积极防御、灵活机动的战术，逐次击破进攻之敌，稳住郭村阵地。29日拂晓，李长江对郭村发动第二次总攻，重点进攻南面。挺进纵队激战1天，把李长江部打退二里地。

八路军第五纵队因日寇“扫荡”不能如期赶到，新四军第五支队也因被“大刀会”所阻，无法增援。江南新四军受冷欣进攻，一时过不了江，急忙赶赴郭村的陈毅被阻隔在长江的新老洲上。郭村形势万分紧急，苏皖支队跨越天扬路，夜渡邵伯湖，穿过日军封锁

港口暴动的部队到达郭村

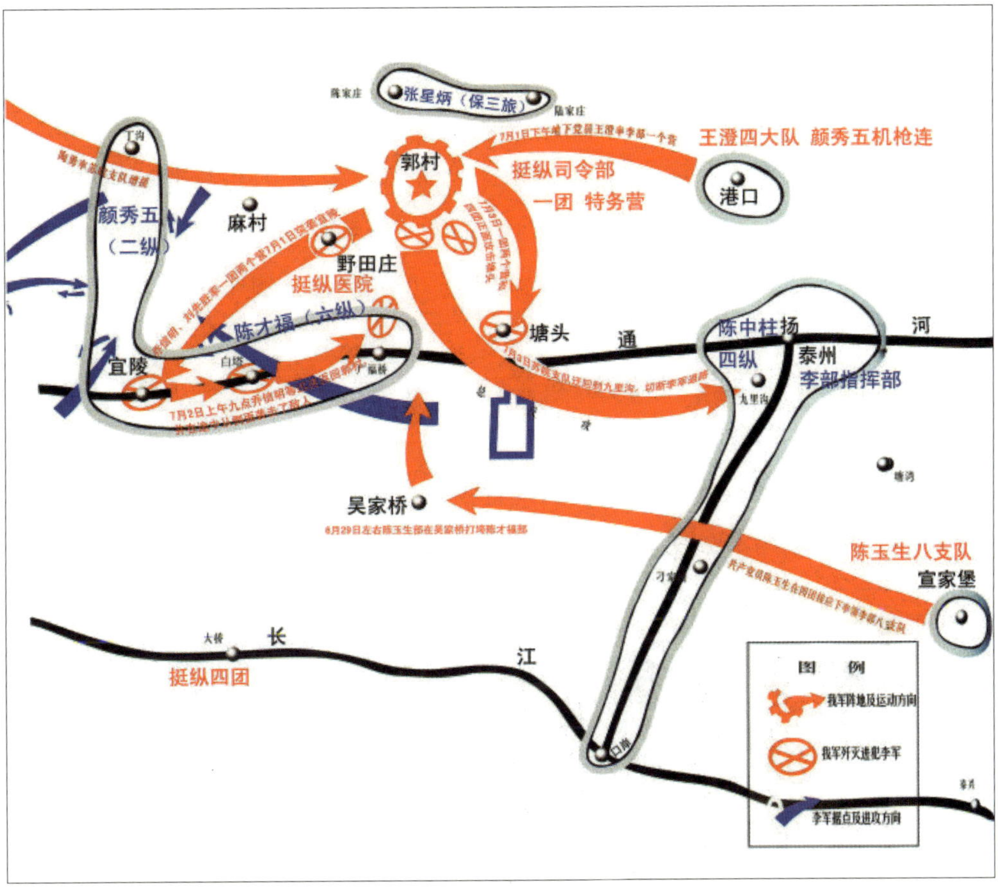

郭村战斗示意图

线，昼夜兼程200余里，于6月30日夜进入郭村，担任对郭村北面张星炳部的防御。

陈玉生率领驻泰兴霞幕圩一带的鲁苏皖边区游击总指挥部第三纵队第八支队约1500人起义，在挺进纵队四团的接应下，于6月30日进抵吴家桥地区，担任郭村南面的防御。6月29日深夜12时，鲁苏皖边区游击总指挥部第二纵队第五支队第四大队的共产党员王澄、姚力等在泰州北面的港口率部暴动。暴动部队兵分三路：四大队大队长王澄带2个分队，生擒五支队队长陈东生；一路人员切断电话，收缴支队部的印章和文书；还有一路人员潜入支队重机枪连驻地，缴获4挺重机枪和其他武器弹药。7月1日，四大队500多人开进郭村，投入战斗。两支起义部队投入战斗，改变了战场的局势。

7月2日，李长江亲自督战，向郭村发起第三次总攻。挺进纵队、苏皖支队与起义部队合力反击，歼灭李部3个团，李部全线溃逃到塘头。7月3日，陈毅赶到郭村。7月4日，挺进纵队遵照陈毅指示，乘胜东进，全线出击，攻下塘头，收兵于泰州城下。

赢得军政全胜

为争取“二李”中立，陈毅派出朱克靖到泰州谈判。朱克靖在北伐战争时期曾经担任国民革命军第三军党代表，当时李明扬任第三军第九师副师长，两人交谊颇深。朱克靖来到泰州，表明团结抗战的诚意：新四军“不打泰州，是尊重友军及老前辈”，希望能以“互助互让共同发展”来推动抗战。陈毅又给李明扬通电话，再次表明新四军为了团结抗战，愿意与他重修旧好。李明扬对此求之不得，释放扣押人员陈同生、周山，并赔礼道歉，派出专人送回挺进纵队。陈毅应李明扬要求，释放全部被俘人员700余人，发还部分缴获枪支，归还郭村、塘头等地。

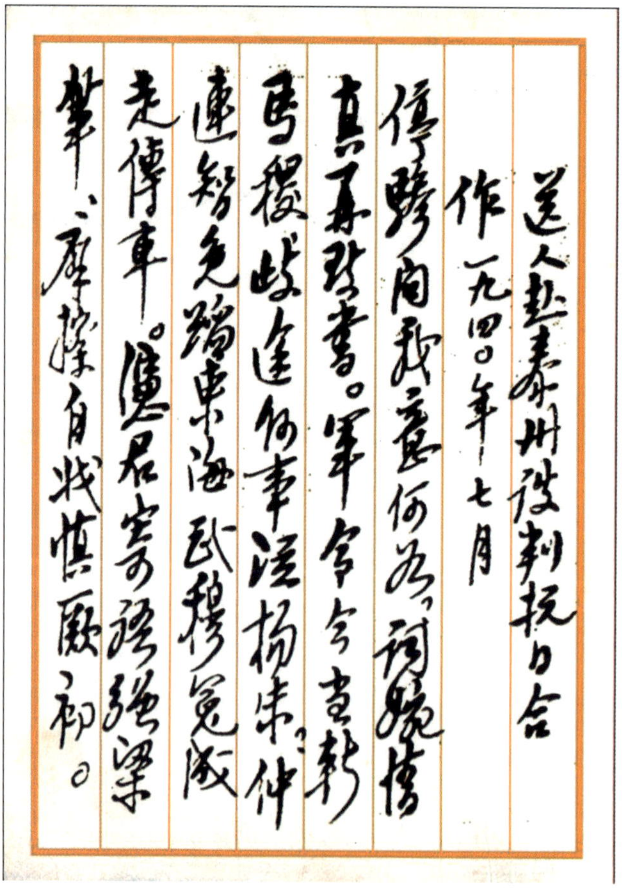

陈毅《送人赴泰州谈判抗日合作》

7月8日，粟裕率新四军江南指挥部机关及部分主力部队渡过长江，与挺进纵队、苏皖支队等会师于塘头。下旬，集结在塘头的新四军完成统一整编，设立新四军苏北指挥部，统一建制、统一指挥，为东进黄桥作了有效的组织准备。

郭村保卫战是新四军渡江北上的前哨战，是一场军政全胜之战，成功实践了“击敌、联李、孤韩”方针，彻底粉碎了韩德勤借“二李”剿灭苏北新四军的阴谋，奏响了新四军东进序曲。

（陈旺君）

攻克姜堰

1940年9月，新四军苏北指挥部攻克姜堰，这场战斗打出了这支英雄部队的军威，谱写了一首传唱不衰的赞歌，塑造了一座血性方刚的英雄群像。

姜堰镇西靠泰州，东临海安，北边是广袤且盛产稻米的里下河腹地，是兴化等地粮食南出的通道，商贸繁荣，素有“金姜堰”之称。韩德勤指令江苏省保安第九旅张少华部进驻税警总团防地姜堰，严密封锁从姜堰通向黄桥地区的粮食通道，企图将新四军压缩在沿江狭小地区，并挟制李明扬、陈泰运两部。张少华依靠南面的运盐河，在姜堰四周水陆要道口构筑了36个碉堡和中心堡垒，在重要的防御地段架设了铁丝网和电网，网上挂满铁皮铃铛，网外挖有1丈至2丈宽的壕沟，沟边设有地雷区和大量障碍物。张少华吹嘘姜堰工事“固若金汤，攻者有来无回”。韩德勤企图把姜堰筑成紧固堡垒，然后再逐步向黄桥方向推进。

此时，日军在苏北增兵，与顽军遥相呼应。如果与韩顽长期对峙，对新四军极为不利。为粉碎韩德勤反共阴谋，疏通粮食通道，打破粮食封锁，新四军苏北指挥部决定攻打姜堰，由王必成率第二纵队主攻、陶勇率第三纵队助攻，实行东、西、南、北四面包围，叶飞率第一纵队在姜堰东面的白米、胡集一带打援，阻击海安方向的援军。

9月11日，三纵六连先行潜入姜堰镇，准备实施里应外合的钻心战术。六连从姜堰镇西面越过外围壕沟和土围，向镇区进发，遇上顽军巡逻队，乘其不备，一拥而上，迅速解决顽军，趁势攻占顽军石桥口碉堡。但六连也暴露了行动，遭到顽军重兵围攻，六连战士以民房作掩护，坚持与敌人战斗。敌人动用迫击炮、重机枪向六连发动进攻，向六连藏身之处喷射火油，一时浓烟滚滚、火海一片，不少战士烧伤。六连战士决死拼搏，打退敌人多次进攻，双方一直

“勇敢队之歌”雕塑

对峙，六连伤亡过半。

12日晚，新四军对姜堰镇发起攻击。为了突破防御工事，二纵挑选优秀干部战士组成勇敢队。勇敢队队员泅水过河、越过沟堑，举刀砍电网。由于电网带电，一刀砍下去，队员就触电晕倒，短时间内就牺牲20多人，加之敌人火力密集交错，攻击被迫暂时中断。

一位江南入伍的战士，提出用老虎钳剪断铁丝网。为避免人靠得太近被高压电网吸附，要使用长柄铁钳，同时用自行车内胎包裹住长柄，保证安全。突击队连夜从铁匠铺借来长柄铁钳，果然奏效，电网很快被打开缺口，然后用门板盖上去，进攻部队踏过门板顺利通过。不久，进攻部队突破了姜堰镇东北角，占领了有利位置。这时，天大亮，新四军暂时停止攻击，巩固已经占领的阵地。张少华部也乘机抢修工事。

《勇敢队》词谱

13日晚，新四军继续发动攻击，用迫击炮猛轰顽军碉堡。二纵攻进镇中心，以迅雷不及掩耳之势直扑张少华指挥部。顽军则依靠核心碉堡死守待援，新四军战士们匍匐前进，靠近碉堡时把手榴弹塞进去，但敌人又扔出来，双方争夺十分激烈，很多战士在碉堡下献出了宝贵的生命。战士们采用火攻，用火把蘸上火油，点燃扔进碉堡，顷刻间碉堡内烈火熊熊，敌人只得缴械投降。14日凌晨，战斗结束，歼敌1000多人，缴获大量武器弹药，张少华落荒而逃。

攻打姜堰战斗，新四军苏北指挥部的广大指战员付出巨大牺牲，尤其是担任主攻任务的二纵二团牺牲最大，一营副营长萧忠廷壮烈牺牲。战斗结束后，二纵二团政治处撰写了萧忠廷烈士的碑文，战友用刺刀将碑文刻在石碑上。为防止敌人破坏，将石碑和烈士的遗体一起深埋，直到1963年，烈士棺柩被迁葬至烈士陵园，石碑才重见天日。

有感于二纵二团的英勇战斗精神，姜堰人民称赞二纵二团为“老虎团”。新四军的英雄壮举，激发了新四军文艺战士的灵感，创作歌曲《勇敢队》，歌颂参战部队特别是勇敢队不怕牺牲的精神。“勇敢队，勇敢队，姜堰战斗显神威，哪怕顽军硬如铁，勇敢队好比打铁锤，谁敢抵抗和反对，铁锤砸他粉粉碎……”歌曲一经传唱，广为流传。80多年来，这首歌传遍大江南北，被载入《新四军战歌选》。

1993年4月，为纪念姜堰战斗中牺牲的烈士，泰县人民政府在通扬河畔树立了“勇敢队之歌”雕塑，2003年移到烈士陵园内。雕塑基座长9.3米、宽2.4米，占地面积270平方米，通高6.8米，塑造了9名典型人物形象，其中冲锋在最前面的新四军勇敢队战士卧在地上手执长剪，后面几位战士依次端冲锋枪、举大刀、握短枪、端长枪、握手榴弹，还有一位老大爷肩扛担架紧跟在后，旁边一位女战士身背药箱，毫无惧色，最后一名勇敢队员一手拿短枪、一手挥动着，召唤后面的战士大胆前进。雕塑形象逼真，表达了抗日健儿奋勇杀敌、视死如归、一往无前的精神。

（蒋跃华　丁　云）

萧忠廷烈士墓

黄桥决战

1940年黄桥战役，是新四军苏北部队粉碎国民党顽固派反共军事摩擦的一场自卫反击战。黄桥战役的胜利，沉重打击了国民党顽固派的反共气焰，实现了新四军与八路军的胜利会师，奠定了苏北抗日民主根据地的基础，打开了华中抗战的新局面。

东进黄桥

苏北地区襟江带海，地富人稠，与日伪占领的政治、经济中心南京、上海仅一江之隔，在政治、军事、经济等方面对抗日战争具有重要的战略意义。

新四军黄桥战役纪念馆

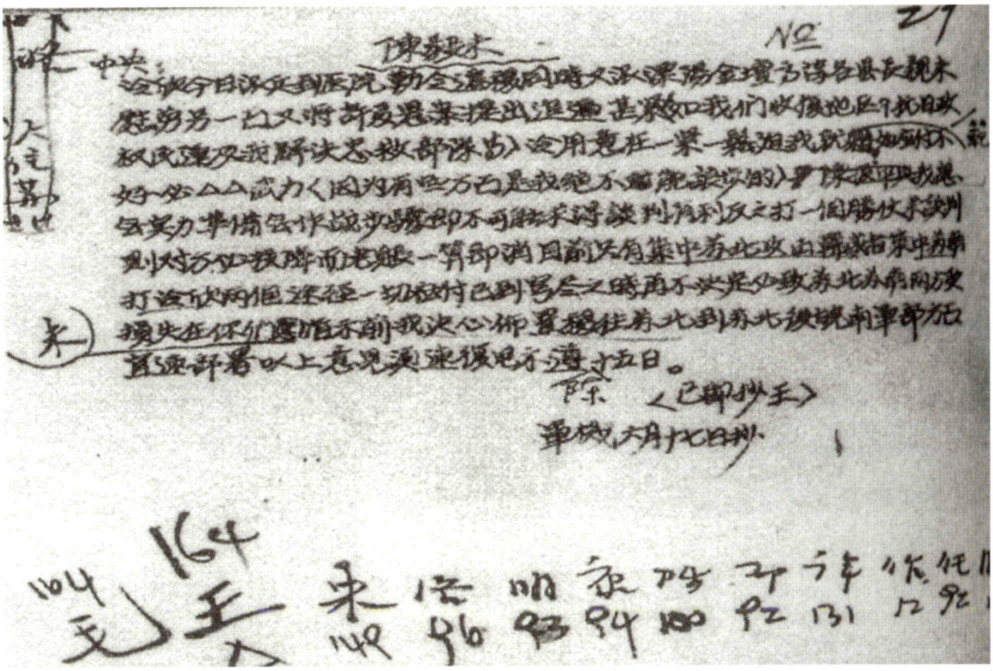

陈毅关于新四军主力北上致中共中央电（1940年6月15日）

1938年5月4日，毛泽东即要求江南部分新四军进入江北地区抗日。1939年2月，周恩来到新四军军部传达党的六届六中全会精神，代表党中央与新四军军部领导商定新四军的战略方针为“向南巩固，向东作战，向北发展”。

1939年，新四军挺进纵队渡江到江都大桥一带，建立起新四军“向北发展”的桥头阵地。陈毅指派新四军挺进纵队第三支队政治处负责泰州地区地方党组织的重建。5月建立中共苏北工作委员会，7月改设为中共苏北临时特委，隶属新四军第一支队政治部领导。10月中共中央东南局撤销苏北临时特委，组建中共苏北特委，由东南局直接领导。泰州各地党组织陆续重建，为新四军向北发展作了组织准备。

11月，中共中央中原局书记刘少奇进入华中敌后调研，向中央建议：最有发展希望的地区是苏北，是新四军的战略突击方向，应集中力量大力发展。1940年5月4日，中共中央再指示：“在江苏境内，应不顾顾祝同、冷欣、韩德勤等反共分子的批评、限制和压迫，西起南京，东至海边，南至杭州，北至徐州，尽可能迅速地并有步骤有计划地将一切可能控制的区域控制在我们手中，独立自主地扩大军队，建立政权。”

苏北当时有四种军事力量：一是占据苏北运河沿岸及沿江重要城镇的日

寇和伪军；二是控制苏北大部地区的国民党反共顽固分子、江苏省主席兼鲁苏战区副总司令韩德勤的部队；三是在泰州地区的国民党鲁苏皖边区游击总指挥李明扬、副总指挥李长江所部，曲塘一带的国民党税警总团陈泰运所部；四是在共产党和新四军的领导与影响下的爱国抗日武装。新四军对各种势力进行具体分析，提出“击敌、孤韩、联李”的策略。陈毅冒着风险，三进泰州城，成功争取李明扬、李长江团结抗日。

新四军在大江南北打击日伪，建立抗日民主根据地，遭到国民党反共顽固派的敌视，冷欣进攻苏南新四军，韩德勤进攻皖东新四军，李品仙进攻皖中新四军。特别是韩德勤，对新四军江南部队挺进苏北抗日，更是蓄意阻挠，多次挑起军事摩擦。为此，新四军被迫自卫还击，先后发生郭村保卫战、黄桥攻取战、营溪反击战、攻克姜堰战。

1940年9月27日，苏北八县军民代表会议在姜堰召开，新四军决定让出姜堰，撤回黄桥。韩德勤公然发电要挟：“新四军应即退出姜堰，经黄桥回江南。”各界代表闻讯大哗，愤慨万分。

战略谋划

韩德勤把新四军顾全抗日大局、主动撤出姜堰，视为软弱可欺，自恃兵多粮足，组织26个团、3万余人，进攻黄桥。

韩德勤以李明扬、李长江和陈泰运为右路军，总兵力约1.2万人，攻击黄桥以西地区，并掩护中路军进攻；以江苏省第一、第五、第六、第九、第十共5个保安旅为左路军，总兵力约7000人，攻击黄桥东南地区；以其嫡系李守维第

一纵司令员叶飞

二纵司令员王必成

三纵司令员陶勇

新四军苏北指挥部第三纵队司令部旧址（严复兴楼）

八十九军第三十三师、第一一七师和翁达独立第六旅组成中路军，作为进攻主力，总兵力约1.5万人。中路军又分三路：第三十三师为左翼，由加力、分界进攻黄桥东面；独立第六旅为右翼，由高桥南下，进攻黄桥北面；李守维率第一一七师大部及军部直属队为中路，由营溪南下，进攻黄桥东北。这是抗日战争爆发后，国民党顽固派第一次发动的大规模反共军事摩擦，八十九军军长李守维统一指挥进攻行动。韩德勤叫嚷，要把新四军赶到长江去喝水。

驻守黄桥的新四军苏北指挥部，仅有3个纵队9个团、7000多人，战斗人员不过5000余人，形势极其严峻。为迟缓韩德勤的进攻，中共中央于10月2日致电周恩来："先告何应钦，韩不攻陈，黄（八路军第五纵队黄克诚部）不攻韩，韩若攻陈，黄必攻韩"。根据中共中央以及中原局的多次指示，新四军苏北指挥部经过反复研究，审时度势，认为只有在八路军第五纵队及新四军第四、五支队等部的战略配合下，独立决战，迅速歼灭顽军主力，一举解决苏北问题，方为上策。

决策既定，新四军苏北指挥部决

定以黄桥为轴心，诱敌深入，断其归路，在运动中各个歼灭，并制定具体作战方案。陶勇率三纵守卫黄桥，第三纵队兵力不足2000人，步、机枪只有1500支（挺），要守住周长5里的黄桥镇，实在很紧张。根据“全力打韩”的指示，陶勇把兵力集中于东线，预备队相机投入战斗，放少数警戒部队在独立六旅攻击的方向，放1个班和一些机关后勤人员负责警戒“二李”、陈泰运方向。一纵、二纵则隐蔽集结于黄桥以北顾高庄、横港桥一带，担任突击围歼任务。叶飞率领一纵，将部队展开在独立六旅进攻路线的两侧，隐蔽在高粱田

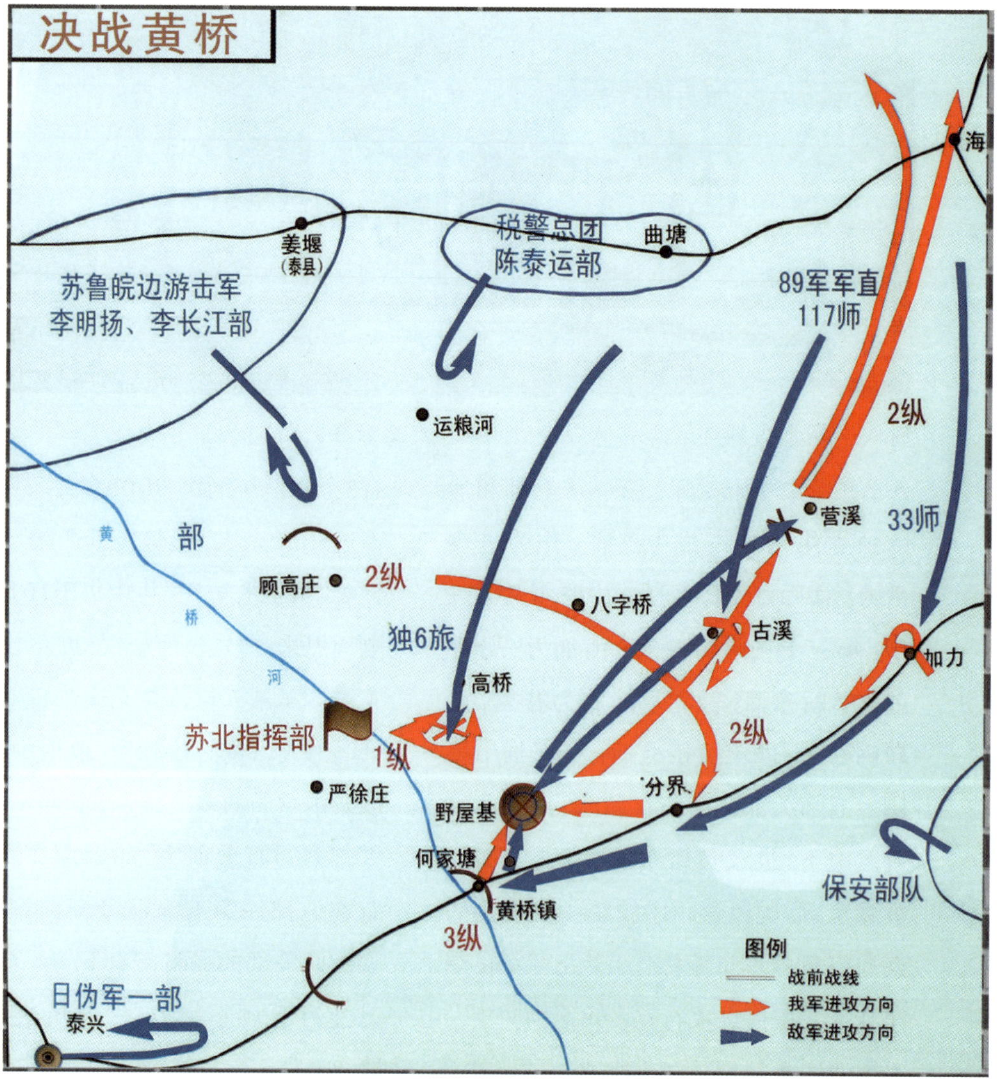

黄桥决战示意图

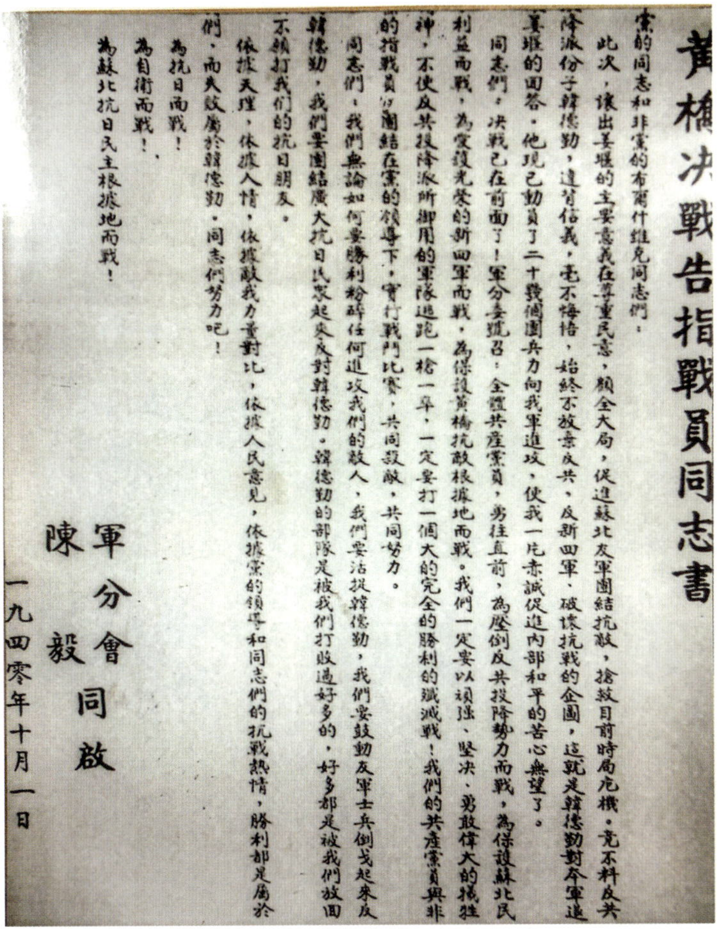
黃橋決戰告指戰員同志書

黨的同志和非黨的布爾什維克同志們：

此次，讓出姜堰的主要意義在尊重民意，顧全大局，促進蘇北友軍團結抗敵，挽救目前時局危機。竟不料反共降派份子韓德勤，違背信義，毫不悔悟，始終不放棄反共、反新四軍、破壞抗戰的企圖，這就是韓德勤對本軍退姜堰的回答。他現已動員了二十幾個團兵力向我軍進攻，使我一片赤誠促進內部和平的苦心無望了。

同志們，決戰已在前面了！軍分委號召：全體共產黨員，勇往直前，為壓倒反共投降勢力而戰，為保護蘇北民利益而戰，為發揚光榮的新四軍而戰，為保護黃橋抗敵根據地而戰。我們一定要以頑強、堅決、勇敢偉大的犧牲神，不使反共投降派所御用的軍隊逃跑一槍一卒，一定要打一個大的完全的勝利的殲滅戰！我們的共產黨員與非的指戰員們團結在黨的領導下，實行戰鬥比賽，共同殺敵，共同努力。

同志們，我們無論如何要勝利粉碎任何進攻我們的敵人，我們要活捉韓德勤，我們要鼓動友軍士兵倒戈起來反韓德勤，我們要團結廣大抗日民眾起來反對韓德勤。韓德勤的部隊是被我們打敗過好多的，好多都是被我們放回不願打我們的抗日朋友。

依據天理，依據人情，依據敵我力量對比，依據人民意見，依據黨的領導和同志們的抗戰熱情，勝利都是屬於們，而失敗屬於韓德勤。同志們努力吧！

為抗日而戰！

為自衛而戰！

為蘇北抗日民主根據地而戰！

軍分會

陳毅 同啟

一九四零年十月一日

《黄桥决战告指战员同志书》

中。王必成率二纵，以1个主力团阻击，另2个团在一纵东北切断独立六旅的后路，相机插到第八十九军的侧后，准备围歼李守维的八十九军军部和一一七师。苏北指挥部设在黄桥北10余里的严徐庄，负责掌握全局；粟裕在黄桥前线负责战场指挥，迎战各路顽军，观察掌握战局的发展。

战前，苏北指挥部急电，命令远在江南的2个主力营昼夜驰援，并电告八路军第五纵队，待顽军深入黄桥地区，即攻击盐城、阜宁，相机占领东台、兴化，以收南北夹击之效。这一大胆作战部署，虽然带有相当大的风险，但却是经过深思熟虑：只有以四分之一的兵力坚守顽军集中攻击的黄桥镇，以四分之三的兵力用于突击方向，才有可能在敌众我寡的条件下进行迂回包围，各个歼灭；只有首歼装备精良的翁达独立六旅，才有可能对战役起到速战速决的作用；只有灵活机动分散阻击，节节抗御，才有可能杀伤与疲滞敌军，为黄桥守备部队的坚守和反击提供更加有利的条件。

具体作战方案下达后，为了确保最大限度地集中兵力对付顽军主力，朱克靖奉命到泰州与李明扬、李长江周旋，并观察各方动态，时刻警惕蒋介石、顾祝同、韩德勤以及日伪方面派来的说客。同时派黄逸峰前往陈泰运部做工作，其他各保安旅也都派人去做工作。

黄桥自卫反击战是一场事关苏北全局的重要战斗。决战开始，新四军军分会发出《黄桥决战告指战员同志书》，反复强调打好这一仗的政治、军事意义。

决战较量

9月30日，顽军向黄桥运动，因暴雨受阻。10月3日，雨过天晴，前哨战打响。新四军以二纵的1个团担任正面阻击，在营溪、古溪一线节节引退，诱使顽军第八十九军过早展开攻击，并掩护新四军主力部队迅速集结于歼击位置。新四军节节引退使顽军产生错觉，认为新四军阻击部队“仓皇溃退”，势必放弃黄桥，因而顽军骄躁轻率。在诱顽深入的同时，二纵一部采取游击战的方式钳制顽军，以保证突击任务的完成。

10月4日清晨，顽军第八十九军三十三师向黄桥东面发起猛烈进攻。上午，黄桥前沿工事以东的小焦庄失守。中午，黄桥东边的榨油厂也被顽军攻占。至下午2时，顽军已7次冲到黄桥东面的前沿阵地，双方反复争夺，战斗异常激烈。

正当黄桥争夺激烈之际，翁达的独

埋伏于八字桥的新四军战士

立六旅由高桥成一路纵队踽踽南下，满以为新四军主力在黄桥以东拼得焦头烂额，正是他们抢头功的大好时机。翁达没有想到，新四军不断注视着他们的行踪，等待出击的最好时机。4日下午3时左右，独立六旅前锋抵达黄桥北五六里处，后尾将脱离高桥。根据翁旅一路纵队行军的速度和距离反复计算后，新四军认为这正是乘敌在运动中加以突袭的绝好时机。一声令下，一纵分成4个部分，猛插过去，将该旅切成数段，首歼其旅部和后卫团，迫使其先头团回援，新四军又从侧翼迂回到翁旅后方，乘势将该旅分割，各个歼灭。经激战，全歼该旅，旅长翁达自杀。

翁旅被歼以后，战场重点立即转移到黄桥东面。顽军为扭转其不利局面，拼命猛攻黄桥，黄桥镇外围工事大部被毁，顽军第三十三师一部突破黄桥镇东面的防御阵地。当时新四军第四团1个营从江南驰援，抵达黄桥附近，给三纵指战员很大鼓舞。陶勇挥动马刀，带领部队与顽军拼刺刀，终于将顽军赶出防御阵地，并架起机枪死死顶住，又组织一部分兵力相机向顽军第三十三师冲击。

4日下午，李守维率第八十九军军部及第三四九旅经八字桥向黄桥驰援。刚到黄桥东北野屋基村附近，得知独立六旅被新四军包围于黄桥以北地区，危在旦夕，即令所部在野屋基村附近构筑工事固守。当夜，新四军二纵队悄然向东南经八字桥插入分界，切断顽军归路；一纵队由八字桥与黄桥之间南下，加上守卫黄桥的三纵队半夜出击，将顽军第三四九旅和第三十三师分割包围于黄桥东北地区，顽军拼死挣扎，企图突围。二、三纵队首先合歼第三十三师于小二房庄，然后向东北围攻野屋基村附近的第八十九军军部及第三四九旅。经过激战，6日清晨，顽军第八十九军军部被彻底歼灭。军长李守维夺河逃窜，失足落水，淹死于挖尺沟河中。顽三四九旅在野屋基村附近负隅顽抗，与新四军围攻部队展开逐屋争夺，经多次白刃格斗，大部被歼。接着，新四军又乘胜追击，在营溪打败前来增援的顽军预备队，歼其大部。

为配合黄桥决战，八路军第五纵队集结于旧黄河以北，钳制顽军几个旅，并根据中原局电令，于4日开始奋力东进南下，迅速突破顽军盐河、旧黄河防线，攻克东沟、益林、阜宁、东坎、建阳、湖垛、苏家嘴、风谷村等城镇，直下盐城，沿途歼灭顽军保安第十旅一部，独立第三旅700百余人，威胁顽军侧背，从战略上对顽军造成南北夹攻之势。

黄桥决战自10月3日至6日，共歼顽军主力12个团、保安旅一部计1.1万余人，俘韩部军官600余人，内有第三十三师师长孙启人等将校军官13人，缴获长短枪3800余支、轻重机枪189挺、山炮3门、迫击炮59门以及大量弹药和军需物资。韩德勤见大势已去，率残部千余人向兴化逃窜。新四军乘胜攻取海安，北上东台。新四军一部到达东台后，根据上级指示，停止向兴化方向追击，以促使韩德勤能接受教训，团结抗日。

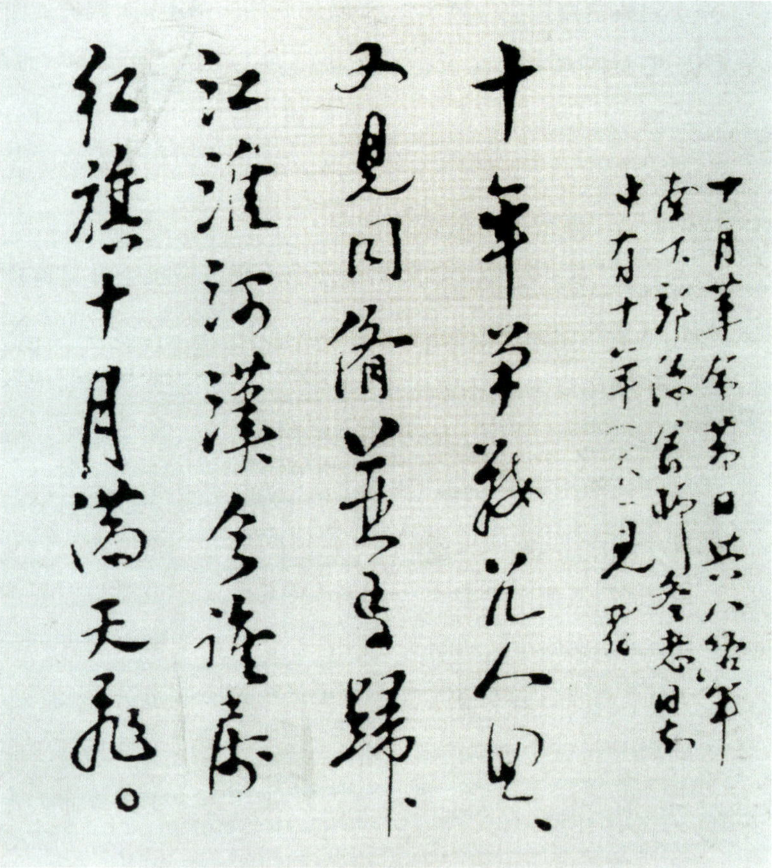

陈毅《与八路军南下部队会师，同志中有十年不见者》

10月10日，新四军苏北指挥部第二纵队一部与八路军第五纵队第一支队一部，在兴化白驹狮子口会师，开辟苏北、发展华中的战略任务完成。此后，这块濒江襟海的苏北大平原，逐步成为巩固的敌后抗日根据地，直至抗日战争的最后胜利。

（翁元峰）

讨伐李长江

皖南事变后，中共中央军委于1941年1月20日发布命令，重建新四军军部，25日新四军新军部在盐城成立。2月18日，新四军军部任命粟裕为讨逆总指挥，讨伐叛国投敌的李长江。20日，新四军攻克泰州，李长江弃城而逃。

李长江公开投敌

1940年下半年，日军对八路军、新四军疯狂“扫荡”，对国民党实施政治诱降。在苏北地区，国民党顽固派韩德勤不断制造反共摩擦。1940年10月黄桥决战，新四军歼韩德勤部1.1万多人；11月29日至12月16日宝应曹甸之战，新四军歼韩德勤部8000多人。经此两战，苏北军事实力发生变化，新四军摆脱了反共顽固派的阻挠，军事实力在苏北地区位居第二，成为苏北抗日中坚力量，苏北地区斗争形势由敌、顽、我的三角斗争变成以敌、我斗争为主。

为了加强对新四军的进攻，日军增兵苏北，企图以军事“扫荡”来伪化苏北抗日根据地。1941年1月上旬，日军将独立混成第十二旅团从镇江调到苏中，分兵屯驻扬州、泰兴、靖江、如皋、南通等城镇。日军要占领苏中地区，1个旅团的兵力显然过于单薄，为弥补兵力不足，便对国民党军队施行利诱威逼、诱降压降，大量扶植和发展伪军，大肆推行伪化政策，企图“以华制华”，以达到战略上控制苏北的目的。

国民党亲日派、顽固派大肆鼓吹投降日本、反对八路军新四军的“曲线救国”论调，日、伪、顽沆瀣一气。苏北敌后国民党武装不断分化，除少数部队仍坚持抗战外，大部分与汪伪合流，叛国投敌。1941年2月13日，李长江率国民党鲁苏皖游击总指挥部7000多人公开投敌，15日李长江在泰州通电就任伪第一集团军总司令。李长江是华中敌后国民党部队中公开投敌的第一个高级将领，影响极其恶劣。李明扬继续以鲁苏皖边区游击总指挥部总指挥的名义，率1000多人在泰州以北的里下河一带打游击。

李长江其实早有投降之心。据《叶飞回忆录》记载，汪精卫筹建伪政权之初，曾亲笔致函李明扬、李长江劝降。1940年3月，李长江派代表去上海与汪精卫、周佛海商谈投降条件，因开列投降条件过高，特别是索要军火数量太多，日方未能同意。10月黄桥决战后，汪伪派缪斌到泰州与李长江谈判，经过3个多月的诱降，李长江首鼠两端，最终置民族大义于不顾，率大部分官兵投降。缪斌因诱降李长江有功，被任命为汪伪军事委员会委员和立法院副院长。

1941年1月的苏北危局

1941年1月的苏北，虎狼环伺，大有黑云压城城欲摧之势。面对日益严峻的形势，新四军于艰难困苦之中逐一化解困境。

苏北新四军积极应对皖南事变。1941年1月，国民党掀起抗战期间第二次反共高潮，制造了震惊中外的皖南事变，新四军受损严重，并被蒋介石反诬为“叛军”，撤销番号。中共中央在军事上坚决自卫，在政治上展开猛烈回击，粉碎国民党顽固派的投降反共阴谋。1月20日，中央军委发布重建新四军军部的命令，任命陈毅为新四军代理军长，刘少奇为政治委员。1月25日，以华中新

新四军重建军部旧址（盐城泰山庙）

四军八路军总指挥部领导机关、新四军苏北指挥部机关为基础，新四军新军部在盐城成立，并着手整编战斗于陇海路以南的新四军、八路军部队，统一整编为7个师和1个独立旅。苏北抗日根据地划分为苏中、盐阜、淮海3块抗日根据地。苏北指挥部所属部队编为新四军一师，粟裕任师长，3个纵队分别改编为3个旅。粟裕率原苏北指挥部机关23名官兵到东台二里桥组建一师师部。新四军独立自主地肩负起华中敌后抗战的重任，新四军一师坚持苏中抗战。

苏中新四军积极应对可能出现的军事投降。获悉李长江即将投降的情报后，中共中央中原局和华中新四军八路军总指挥部迅速进行政治上、军事上反投降的准备。在政治上，因李长江还没有公开投敌，仍通过宣传交涉和“帮助他解决困难”等办法，尽量予以说服

讨李战役前敌顽我态势图

争取。军事上，华中新四军八路军总指挥部命令黄克诚部继续在盐阜地区监视韩顽，命令粟裕将武装开辟宝应根据地的新四军苏北指挥部一纵、二纵迅速撤回东台、海安一带集结，并从启（东）海（安）地区抽调三纵1个团向泰州靠拢，隐蔽埋伏，加强侦察、监视，随时准备发动讨逆之战。在苏中抗日根据地，部署一切公开的力量准备适时撤出城镇，转入农村进行斗争；广泛宣传李长江可能公开投敌、勾结日伪军“扫荡”的阴谋，在群众中进行反“扫荡”的动员，特别是对地主士绅进行反投降和民族气节教育。

苏中新四军面临日军更为严峻的军事威胁。日军为了全面占领苏北，乘国民党发动皖南事变和新四军正在开辟根据地之际，企图首先摧毁中共中央在苏北地区的指挥机关，然后寻歼苏中新四军主力部队。1940年11月17日，华中新四军八路军总指挥部在海安成立。11月24日，中共中央中原局、华中新四军八路军总指挥部移驻盐城泰山庙。1941年1月11日下午，日军17架飞机空袭盐城华中新四军八路军总指挥部。同日，日军加藤部侵占黄桥，随即向黄桥周边各县发起大规模“扫荡”。黄桥失守后，泰兴县抗日民主政府县长张颐面对强敌，弃职逃跑，造成极坏的政治影响，致使部分中间分子思想动摇。退守曹甸一隅的韩德勤也蠢蠢欲动，在李品仙、顾祝同的怂恿下，不断在根据地边沿地区进行骚扰。1月下旬，日军调派独立混成第十一旅团、十二旅团、十七旅团等，集结于扬州、高邮、南通、如皋等地，准备在李长江投降后，继续侵占曲塘、海安、东台等主要城镇和交通干线。一旦李长江投降，即由泰州经兴化向东北，日军由东台向北，企图日伪合击盐城新四军军部。1月24日，华中新四军八路总指挥部针对“在全国，目前是日、蒋夹击形势；在苏北，是李长江勾结日寇向我进攻的形势”，命令粟裕、刘炎即行集中兵力，“有准备地应付正在变化的形势”。

泰州城之战

1941年2月13日，李长江公开投敌。15日，新四军一师集结于距姜堰镇70多里的泰县胡集王家楼（今属海安）。17日，华中新四军八路军总指挥部致电陈毅：“李长江已公开投敌，阴谋很大，海安、东台及兴化均在其阴谋计划之内，此贼不除，后祸甚多，望集全力迅速解决之。当我与李冲突时，日寇必出向海安、东台进攻，或与李作战役配合，捣我侧后……韩德勤在南面紧张时，很可能向盐城、阜宁出击。我们正在布置，拟固守盐城至益林之线。如韩向我出击，你们在南面解决后（李长江），即可向兴化进攻。望通告地方党政机关，充分准备敌人向东台、海安进攻。地方人员适时收拢。粮食、税收、物资等得预先移至妥当地方。”当天，新四军一师在胡集王家楼成立讨伐李长江前线指挥部，并召开军事会议，部署讨伐李长江之战。

2月18日，陈毅、刘少奇发出讨伐李长江部的命令：“查鲁苏皖游击前副总指挥李长江于本月十三日率部投敌，叛国殃民，并通电就伪第一集团军总司令职，配合敌寇向海安、兴化国军进攻，为虎作伥。本军为坚持抗战，保卫苏北，决予讨伐该逆。兹特任命本军苏北指挥官粟裕为讨逆总指挥，叶飞为副指挥，刘炎为政治委员。仰即遵照，迅率所部歼灭李逆为要。”

18日晚，粟裕采取中央突破、两翼合围的战法，指挥新四军一师沿海（安）泰（州）公路兵分三路向西攻击。一师一旅和保安特务团以及独立支队从左路进发，首先攻取姜堰，俘获800多人；又连克石家埭、苏陈以及寺巷口、白马庙、塘湾等据点，扫清泰州城东、城南的外围阵地。一师三旅一部为右路，迂回泰州城北向南进攻，扫清泰

讨伐伪军李长江战役军事会议旧址（今海安市胡集街道）

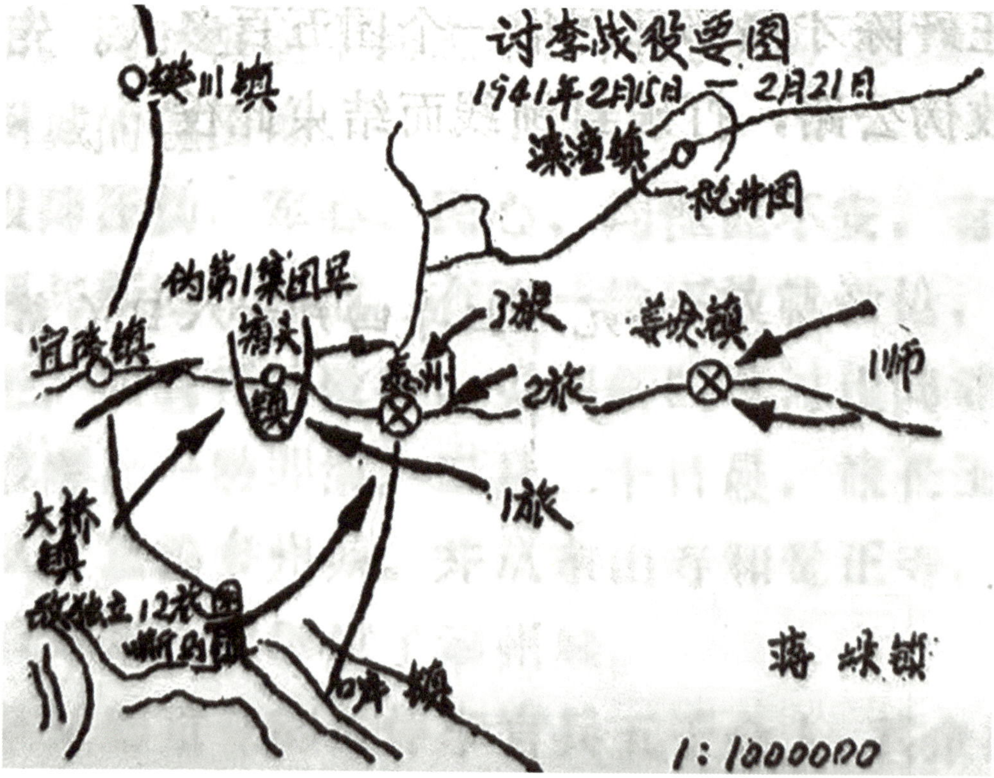

讨李战役要图

州城北的外围据点。左右两路夹击，为二旅从中路主攻泰州城打开通道。19日黄昏，攻城部队发起总攻，左右两路加入战斗，20日凌晨攻下泰州城。伪军毫无斗志，兵败城破，李长江弃城而逃。新四军乘胜追至界沟、塘头一带。3天作战，歼伪军4000多人，争取2个支队战场反正，缴获大量弹药、粮食、药品。

一切如战前预料，新四军发动讨伐李长江战斗后，日军从如皋、南通北上攻占海安、东台，向西进攻曲塘、姜堰。扬州千余日军纠集李长江残部，反扑泰州，企图在泰州围歼新四军一师主力。

新四军实现预定作战目标，21日主动撤出泰州，发布《新四军通告》，申明新四军毅然讨逆“证明我军绝不因重庆当局取消本军番号之无理命令，而稍变本军抗战保卫人民之初衷；证明重庆当局宣布本军‘叛变’为莫须有之谰言”。随后按预定计划，以团为单位分别撤向苏中三分区、二分区、四分区农村，进行反“扫荡”，并以主力一部转移至东台以北，打击北犯日军。

（申万霞）

马沟阻击战

在泰州市姜堰区白米镇马沟村，穿境域而过的328国道旁南侧、老通扬运河之滨，矗立着马沟阻击战纪念碑。马沟阻击战是抗战时期姜堰境域内对日伪军的最后一战。

1945年8月9日，毛泽东发表《对日寇的最后一战》，号召“中国人民的一切抗日力量应举行全国规模的反攻”，命令“八路军、新四军及其他人民军队，应在一切可能条件下，对于一切不愿投降的侵略者及其走狗实行广泛的进攻”。苏中区党委和苏中军区迅速进行政治动员和组织准备，各县、区武装力量围攻敌伪据点，迎接大反攻。8月12日，泰县、泰兴2个

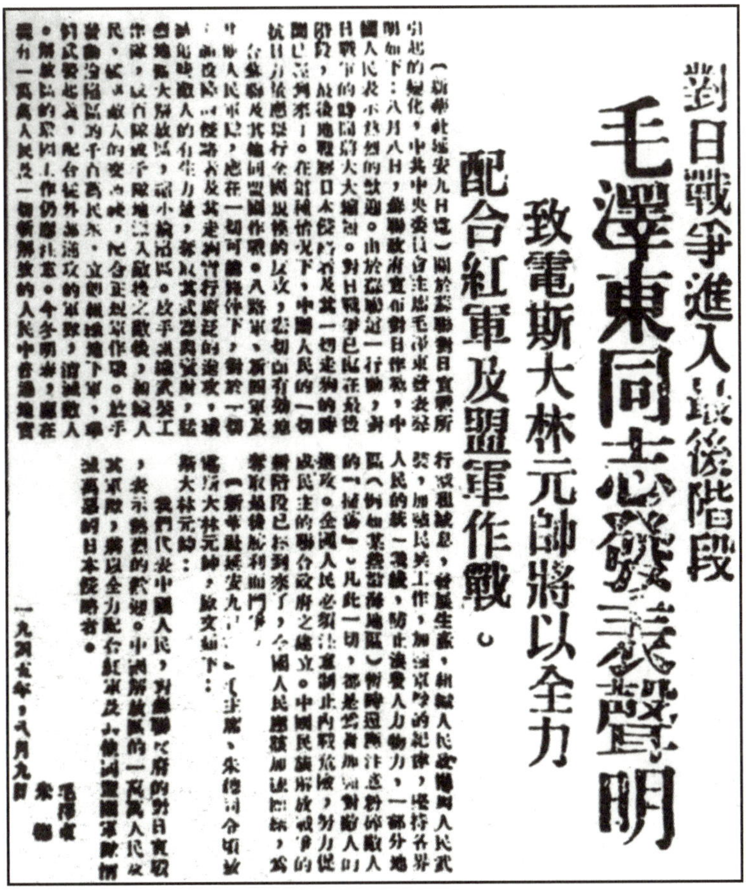
對日戰爭進入最後階段
毛澤東同志發表聲明
致電斯大林元帥將以全力配合紅軍及盟軍作戰

毛泽东发表《对日寇的最后一战》的声明

独立团上升为主力部队，合并整编为新四军苏中军区独立旅第十四团，郭志伟任团长，阮朝兴任副团长兼参谋长。

8月15日，日本宣布无条件投降。国民党命令侵华日军不许向解放区人民武装投降，同时命令所有伪军原地驻防，接受加委，妄图独占胜利果实。根据地军民执行党中央指示，对拒不投降的日伪军展开猛烈攻势。由于泰县独立团上升为主力部队，为适应大反攻需要，8月20日，中共泰县县委作出指示，各区游击连上升，以老县团留下的1个连为基础成立新的独立团，基干队、联防队上升为区游击队。各乡民兵组织反攻营，以青壮年农民为主，力求精干，每乡100人至150人，中心乡及已有基础的地方，数量不限。指示发出后，

阮朝兴

群众性的反攻敌据点运动迅速开始。姜南区组织300人的反攻营，深入姜堰据点散发传单，贴标语，政治喊话，令伪军胆颤心惊。8月中旬，苏陈庄、石家埭等6个据点日伪军纷纷撤逃。

为了防止驻扎在姜堰的日伪军沿通扬线分水陆两路逃往南通，苏中三分区决定由苏中军区独立旅十四团承担阻击任务，阮朝兴负责指挥。8月22日晚，十四团从苏中第三军分区司令部驻地雅周庄出发，夜里十一点左右，到达小白米以西至马沟一线阻击地带。阮朝兴带领侦察班迅速摸清地形，命令一营由营长何心正带领，在马沟以北二里处埋伏，担任机动出击任务；三营由营长罗铭、教导员张兴带领，在通扬运河南边构筑工事，侧击敌人；二营担任正面阻击，由营长陈和发和教导员倪盈升负责，直接在公路上及其两侧以一条南北小河为依托，筑工事，挖掩体，布设机枪阵地。团作战参谋孙克明带领侦察班在公路前沿及两侧埋设地雷。部队指战员克服疲劳，连夜挖工事，做好一切战斗准备。

23日上午，约1个中队的日军和1个连的伪军从姜堰方向沿水陆两路东进，企图逃往南通。1艘汽艇在通扬运河里突突地冒着烟，与公路上和河岸边步行的敌人保持同一速度，向东开进。当敌

人进入伏击圈，岸上的敌人踩响了地雷，十四团立即以猛烈的火力发起正面进攻，敌人猝不及防，乱成一团，纷纷寻找掩体，负隅顽抗，另外寻找机会向西溃逃。

经3个小时激战，十四团毙、伤日伪军四五十人，其中日军20多人，另俘伪军一部。9月15日，姜堰的伪孙良诚部及曲塘、白米等据点伪军逃往泰州城。不久，苏中军区第七纵队、泰县县级机关、县独立团进驻姜堰镇。至此，除泰州、溱潼仍被敌伪占领外，泰县广大镇村均获解放。

阮朝兴在战斗不幸负伤，由于伤势过重，出血过多，在送后方医院途中牺牲，年仅28岁。阮朝兴，福建宁德周宁县人，1935年5月参加红军，后被编入中国工农红军闽东独立师第三纵队。中国工农红军闽东独立师由叶飞组建并任政委，新四军成立后，被改编为新四军第三支队第六团，叶飞任团长。1938年2月，阮朝兴随叶飞北上抗日，转战大江南北，先后参加了郭村保卫战、姜堰战斗、黄桥决战、讨伐李长江和攻打如皋

马沟阻击战纪念碑

丰利镇等一系列重大战斗。1938年4月，阮朝兴加入中国共产党，历任机枪班班长、排长、连长、如泰警卫团三营营长、靖江独立团参谋长，1944年调任泰县独立团参谋长，1945年1月任泰县独立团副团长兼参谋长。

为了永远缅怀阮朝兴烈士，阮朝兴的家乡福建省宁德市周宁县咸村镇下坎村为他树立纪念碑。1990年6月，全国人大常委会副委员长彭冲题写“阮朝兴革命烈士纪念碑”碑名。1995年8月，马沟阻击战纪念碑和阮朝兴烈士纪念碑建成。2009年秋，重修纪念碑。2015年8月，阮朝兴被列入民政部《第二批著名抗日英烈和英雄群体名录》。

宁德市周宁县咸村镇下坎村阮朝兴革命烈士纪念碑

（蒋跃华　丁　云）

收复兴化城战斗

兴化县城原有周长3公里多的城墙，现仅存东城南巷一段，辟为收复兴化城战斗遗址，为省级文物保护单位。古城墙斑驳风化，但一处处弹孔仍清晰可见，似在无言诉说着1945年人民军队解放兴化城的巨大牺牲。

兴化城墙始建于1225年，一直发挥着保境安民、抗击敌寇、堵截洪水的作用。1939年2月，国民党江苏省政府撤至兴化，韩德勤在兴化城内修筑了大量防御工事。1941年2月20日，兴化城第二次沦陷，伪二十二师刘湘图部侵占兴化城，大兴土木，增修工事。兴化城4个城门被改建为炮楼，在20米宽的护城河边上每隔100米筑1个碉堡和暗堡，在10米高、3米厚的城墙内外筑起200多座碉堡，碉堡内配有轻重机枪。东门外的文峰塔被改建成最大的碉堡，伪军1个机枪连驻守其中，居高临下，易守难攻。

日军攻占兴化城（1941年2月）

收复兴化城战斗遗址

日本宣布无条件投降后，国民党蒋介石企图独吞抗战胜利果实，命令所有侵华日军不准向八路军和新四军投降，所有伪军驻守原地接受国民党加委。苏中伪军被国民党统一改编为陆军新编第二路军，盘踞兴化城的伪二十二师被改编为第二路军第六师，师长刘湘图被授予少将军衔。刘湘图凭借所部6000多兵力和坚固的城防工事，负隅顽抗，拒绝向新四军投降。在多次劝降无效的情况下，苏中区党委和苏中军区坚决执行党中央、中央军委的反攻命令，调集新一旅全部、特务三团、二分区特务一团、特务二团以及兴化独立团共8个团、7000余人，发起围攻兴化城战役。中共兴化县委发出“一切为了支援前线”的号召，动员万余民兵直接参战，同时成立支前指挥部，组织大批粮草船只，保障部队给养、运输。

参加收复兴化城的部队刚刚由地方武装上升为主力部队。随着抗战转入反攻阶段，根据中央指示，1944年底至1945年4月，粟裕、叶飞先后率新四军一师主力部队渡江南下，向江南苏浙敌后发展，执行“发展东南”的战略任务。苏中军区司令员管文蔚回忆：“我这边就一个主力团……反攻就要开始，人手不够用，所以决定大胆大力发展武装，把县团抽上来变成主力，一下子扩编成了十七个团，这些团大多有主力部队当骨干，能打仗……抓紧训练部队，搞起群众性的练兵活动，部队战斗力大大增强了。”

8月28日晚，在苏中军区副司令员兼参谋长、兴化战役总指挥张藩的指挥下，各参战部队迅速向兴化城运动。刘湘图听到新四军进攻的消息后，不屑一顾，且狂妄叫嚣：新四军进攻兴化城是以卵击石。如此狂妄的刘湘图，依仗的就是水网地形及坚固的城防工事。

收复兴化城的战斗分为两个阶段，第一阶段肃清城外据点，第二阶段围攻兴化城。苏中军区新一旅担任主攻，攻打敌人设防最坚固的西门；二分区特务一团、特务二团佯攻东门；苏中特务三团、特务五团及兴化独立团分别攻打南门和北门。

战斗首先从西门打响。29日凌晨，新一旅二团参谋长茆健群率领前卫营18条快船冲向西门敌军滩头阵地，离岸50米时被敌人发现，遭到暗堡火力的疯狂射击，九班11名战士8人牺牲。茆健群在第一条船上指挥大家撑篙划桨，奋勇突击，不幸中弹牺牲。最终突击快船冲抵岸边，战士们在南北50米长的河边强行登陆。

兴化城池图

敌人趁突击队员刚跃上滩头、立足未稳之时，实施反冲击。突击队员没有后退半步，一次又一次地击退敌人的反扑，牢牢守住滩头阵地。同时，新一旅后续部队像潮水般纷纷登陆，逐一扫清了敌人的外围阵地。29日上午9时，西门外围战事基本结束。下午，攻打东门、南门、北门的各支部队也相继强渡成功，清除城下外围据点，夺取了攻城的有利阵地。

29日傍晚18时，苏中军区下达总攻兴化城的命令，新四军各部队全面攻城。29日、30日，敌人凭借城墙、工事和各种火力拼死顽抗，新四军参战部队多次发起强攻，均未奏效。守城伪军用手榴弹及沾有火油的布和草把焚烧城外民房，阻止攻城部队接近城墙。新四军战士们穿越熊熊烈焰和枪林弹雨，快速进抵城下，又遭到城脚下敌人隐蔽碉堡火力压制，伤亡较大。攻城部队一面清除暗堡，一面架起云梯，强行登城，凶残的伪军挥舞马刀砍杀攀上城头的战士，用钢叉、篙子推倒云梯，不少战士被凌空抛下。同时，敌人用猛烈的火力压制新四军攻城，致使攻城部队多次突破上城墙，但又不得不撤回。

攻城僵持不下，管文蔚想起黄桥决战时新四军缴获的2门山炮。当时因游击环境运动不便，只好将山炮拆卸秘密埋藏。粟裕南下浙江时将他画的一张埋炮小图交给管文蔚保管，并交代必要时可以挖出来使用。管文蔚赶紧派人按图索骥，连同十几发炮弹一起挖出，运至兴化城西门。

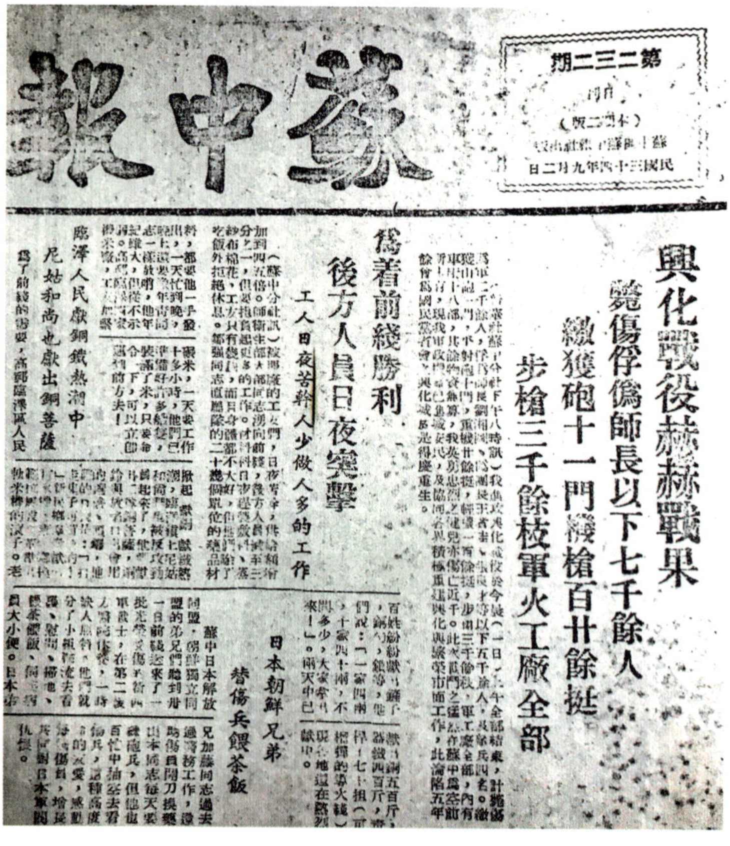
蘇中報

第二三二期

民國三十四年九月二日

興化戰役赫赫戰果
斃傷俘偽師長以下七千餘人
繳獲砲十一門機槍百卅餘挺
步槍三千餘枝軍火工廠全部

為着前綫勝利 後方人員日夜突擊
工人日夜苦幹人少做人多的工作

臨澤人民獻銅鐵熱潮中
尼姑和尚也獻出銅菩薩

日本朝鮮兄弟
替傷兵餵茶飯

《兴化战役赫赫战果》（1945年9月2日《苏中报》）

8月31日，为了突破城防，新四军重新调整兵力部署，改西门主攻为佯攻，改东门佯攻为主攻。晚8时，总攻开始。2门山炮一阵猛轰，轰塌西门城墙。新四军战士向城墙缺口发起冲锋。敌人慌忙从东门、南门、北门抽调兵力堵西门缺口，西门附近敌人碉堡中火力疯狂扫射，很多冲锋的战士壮烈牺牲。战士们改变进攻方法，采用门板作挡弹墙，用大桌子盖着湿棉被做成土坦克，集中神枪手对准明、暗堡垒射击，加快了攻城进度，减少伤亡。

主攻东门的分区特务一团，在团长胥金城、政委张雷平的率领下，趁敌人兵力转向西门之际，打通民房墙壁，悄悄地逼近文峰塔，夺取了这个至关重要的制高点。登塔部队迅速在塔上架起机枪，向东门、南门守敌猛烈扫射。接着，以范坤为队长的18位勇士组成突击队，身背大刀，腰插短枪，带足手榴弹，架起云梯，直冲城头，奋勇登上东门城楼。经过短兵相接的厮杀，炸毁了敌人的碉堡，击退了敌人的疯狂反扑，为后续部队杀开了一条血路。城门被打开，战士们在嘹亮的冲锋号声中蜂拥而入。

兴化独立团在团长柴荣生、政委戴为然的率领下，强渡上官河，迅速攻占了观音阁、大王庙，炸毁北水关上的碉堡，一举突破了敌人吹嘘为“北门锁钥”的城防工事，西门、南门也相继被攻克。9月1日凌晨，攻城各部队快速向城区推进，直捣伪二十二师指挥部。彭寿生带领4名战士冲进伪军司令部，随后突击队迅速赶到。刘湘图见大势已去，传令停止抵抗，束手就擒。

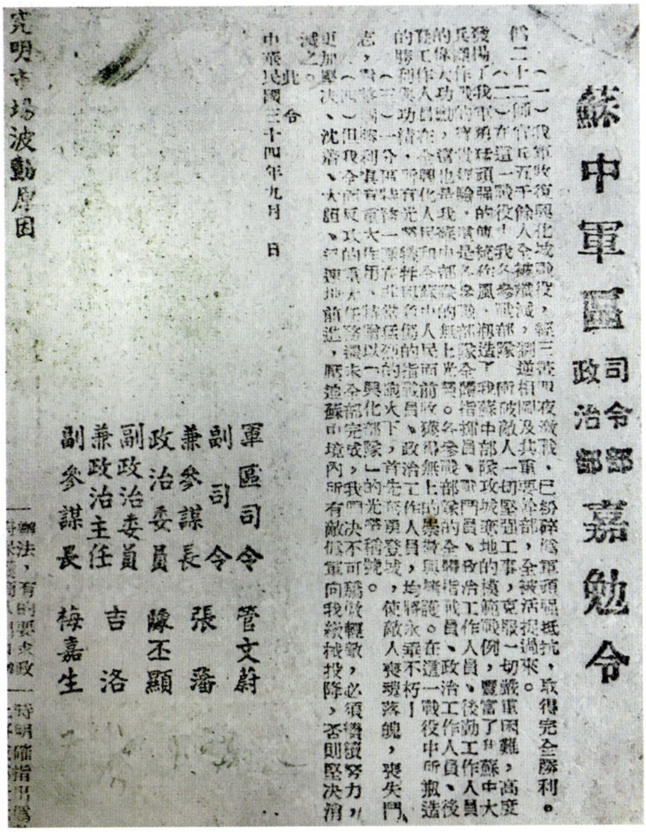
蘇中軍區司令部政治部嘉勉令

中華民國三十四年九月 日

軍區司令 管文蔚
副司令兼參謀長 張藩
政治委員 陳丕顯
副政治委員兼政治主任 吉洛
副參謀長 梅嘉生

《苏中军区嘉勉令》（1945年9月10日《苏中报》）

新四军苏中部队和兴化地方武装历经3天4夜血战，以伤亡1200多人的巨大代价，收复了沦陷近5年的兴化城。此战毙、伤伪军2000多人，俘日军4人、刘

兴化东城南巷城墙遗址

湘图及其以下官兵4000多人。兴化城的收复，拔除了日伪楔在苏中的一颗钉子，使宝应、盐城、东台、泰州的解放区连成一片，为苏浙军区部队回师苏中准备了较大的活动空间。

战后，新四军军部及苏中军区分别传令嘉奖参战部队。嘉奖令称："参加兴化城战役的参战部队，在战斗中高度发扬勇猛、顽强的传统作风，克服重重困难，冲破敌人的坚固工事，创造了我苏中部队攻城夺池的模范战例，丰富了我苏中大兵团作战的经验。"9月3日，《苏中报》发表评论指出："兴化战役在兴化抗战史上创造了全新的纪录，战斗的激烈，战果的巨大，都为苏中空前未有。"为纪念茆健群，兴化西门被命名为健群镇，北门麦粉厂被命名为健群麦粉厂。

收复兴化城战斗使兴化古城墙遭受重创。1958年，因城市建设需要，大部分城墙和所有城楼被拆除，仅存的一段城墙被设为收复兴化城战斗遗址，成为新四军敢于牺牲、铁血抗战的一座丰碑。

（朱存安）

收复泰兴城战斗

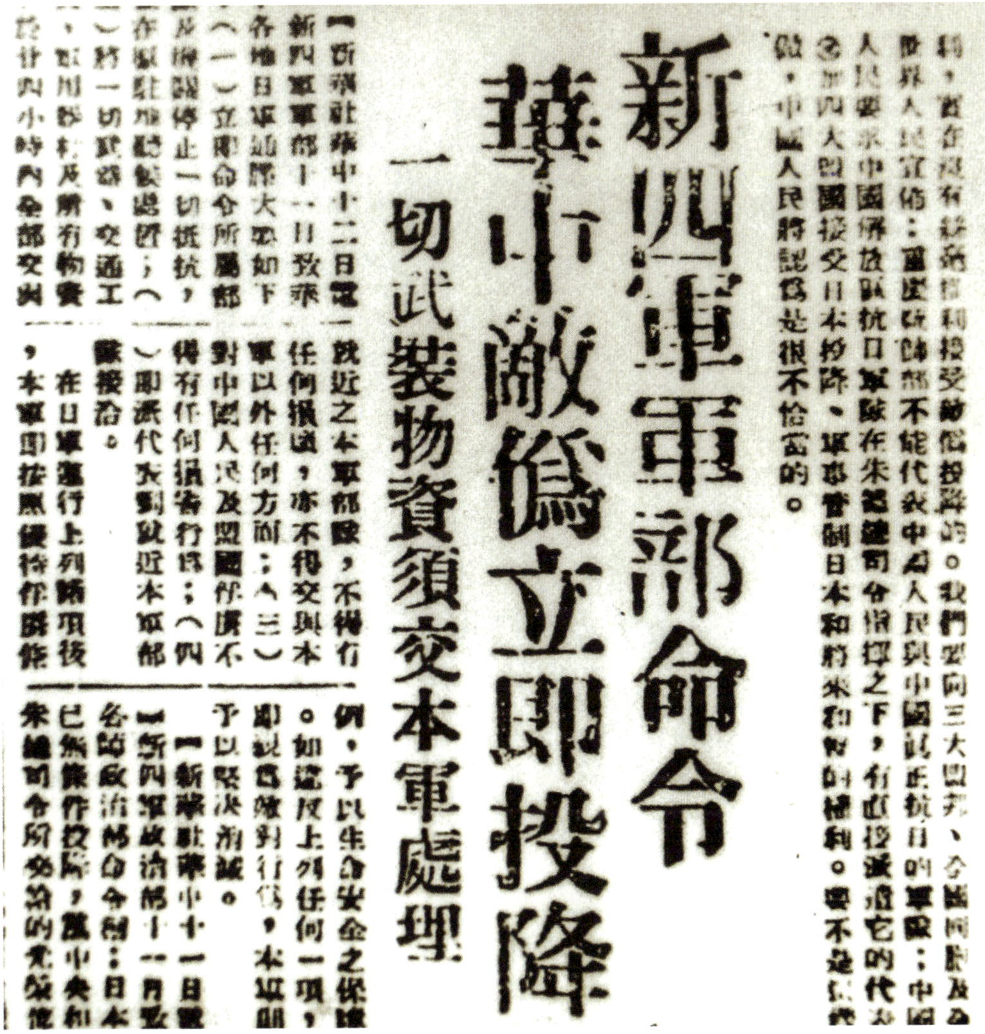
利，實在沒有絲毫權利接受敵偽投降的。我們要向三大盟邦、全世界及全世界人民宣佈：重慶統帥部不能代表中國人民與中國真正抗日的軍隊；中國人民要求中國解放區抗日軍隊在朱總司令指揮之下，有直接派遣它的代表參加四大盟國接受日本投降、軍事管制日本和將來和會的權利。要不是這樣，中國人民將認為是很不恰當的。

新四軍軍部命令
華中敵偽立即投降
一切武裝物資須交本軍處理

【新華社淮中十二日電】新四軍軍部十一日致華中各地日軍部隊大要如下：（一）立即命令所屬部隊停止一切抵抗，在原駐地點候遣調；（二）將一切武器、交通工具、軍用器材及所有物資於廿四小時內全部交與就近之本軍部隊，不得有任何損壞，亦不得交與本軍以外任何方面；（三）對中國人民及盟國俘虜不得有任何損害行為；（四）即派代表到就近本軍部隊接洽。在日軍實行上列各項後，本軍即按照優待俘虜條例，予以生命安全之保障。如違反上列任何一項，即視為敵對行為，本軍即予以堅決消滅。

【新華社淮中十一日電】新四軍政治部十一日致各地敵偽部隊命令稱：日本已無條件投降，黨中央和朱總司令所發命令的光榮使

《新四军军部命令华中敌伪立即投降》（1945年8月11日）

1945年8月10日，日本乞降，表示接受《波茨坦公告》。国民党军队主力位于西南、西北地区。华北、华中的主要城市和交通线都处在八路军和新四军包围之中，在东北也只有共产党领导的抗日武装。中共中央以朱德总司令名义连发七道命令，命令包围日伪军的各解放区人民军队进行全面反攻，收复失地。国民党蒋介石为抢夺胜利果实，命令朱德总司令所属部队“应就地驻防待命”“勿擅自行动”，命令伪军“负责维持地方治安”“不得受非本委员长许可之收编”。8月11日，中共中央发出由毛泽东拟定的《关于日本投降后我党任务的决定》，指示全党全军“应集中主要力量迫使敌伪向我投降，不投降者，按具体情况发动进攻，逐一消灭之”。

苏中区党委发出“广泛动员群众参战，一切为了支援前线，一切为了战争胜利”的指示，要求各县县委和县独立团，迅速组织反攻，收复失地。苏中军区、苏中第三军分区和泰兴地方武装于9月11日发起收复泰兴城战斗。

日本无条件投降后，泰兴境内日军3个小队、伪十九师蔡鑫元部、伪三十七师丁聚堂一部共4000多人拒不向新四军投降。泰兴东至黄桥，西到江边，南至靖江边界，北到口岸一线，有大大小小的伪军据点几十处。要解放泰兴城，首先必须扫除外围的伪军据点。苏中区党委决定，先打下黄桥，然后攻克靖江城，再挥师解放泰兴城。

黄桥历来是兵家必争之地，1个小队日军驻黄桥中学，伪三十七师约1个团驻藕池岸，两者成掎角之势。苏中军区调集部分兵力于12日围困伪军，14日攻克黄桥镇日伪大小碉堡14座，黄桥周边严徐庄等地伪军纷纷缴械投降。16日，伪团长王效礼率残部退缩至黄桥中学内，与日军一道负隅顽抗。29日，驻黄桥中学日军撤逃，王效礼率残兵败将经泰兴逃到口岸，黄桥解放。

8月中旬，泰兴县独立团与泰州（泰县）独立团合并，上升组成苏中军区第一旅第十四团，赵容回泰兴再建泰兴独立团。泰兴县委以县民兵总队部为团机关基础，建立了泰兴独立团的领导指挥机构，调集各区区队和城黄游击大队，编成7个连。进攻泰兴城前夕，敌人的据点除天星桥、岛石桥及泰兴城周围的几个外，其余均被扫除。伪军除部分投降外，伪十九师蔡鑫元部龟缩到泰兴城内。

8月22日，刚组建的泰兴独立团奉命奔赴靖江，配合靖江县独立团和民兵围困靖江城。8月26日，伪警察局长兼守城指挥陶明德率部起义，靖江城解放。靖江城距泰兴城比较近，这对盘踞在泰兴城内的伪十九师蔡鑫元震动很大。

靖江城解放后，泰兴县独立团连夜从靖江穿插到泰兴城西北，切断敌人向口岸、泰州、龙稍港及天星桥的逃跑之路。为了早日拿下泰兴城，战士们忍着饥饿、疲劳，跑步急行，提前到达指定地点，抢筑阻击工事。县独立团政治处主任周开峰奉命率2个连，带了1架电台，负责监视泰州之敌。

为广泛发动群众，进攻泰兴城之前，苏中三地委、泰兴县委对支前工作进行周密部署。全县每个区都组织了1至2个民兵反攻大队，每队50人以上，负责配合新四军主力和县独立团作战，参与捉拿“漏网之鱼”。此外，离县城较远的区、乡还组织了民兵反攻远征军，协助有攻城任务的区队消灭伪军。作

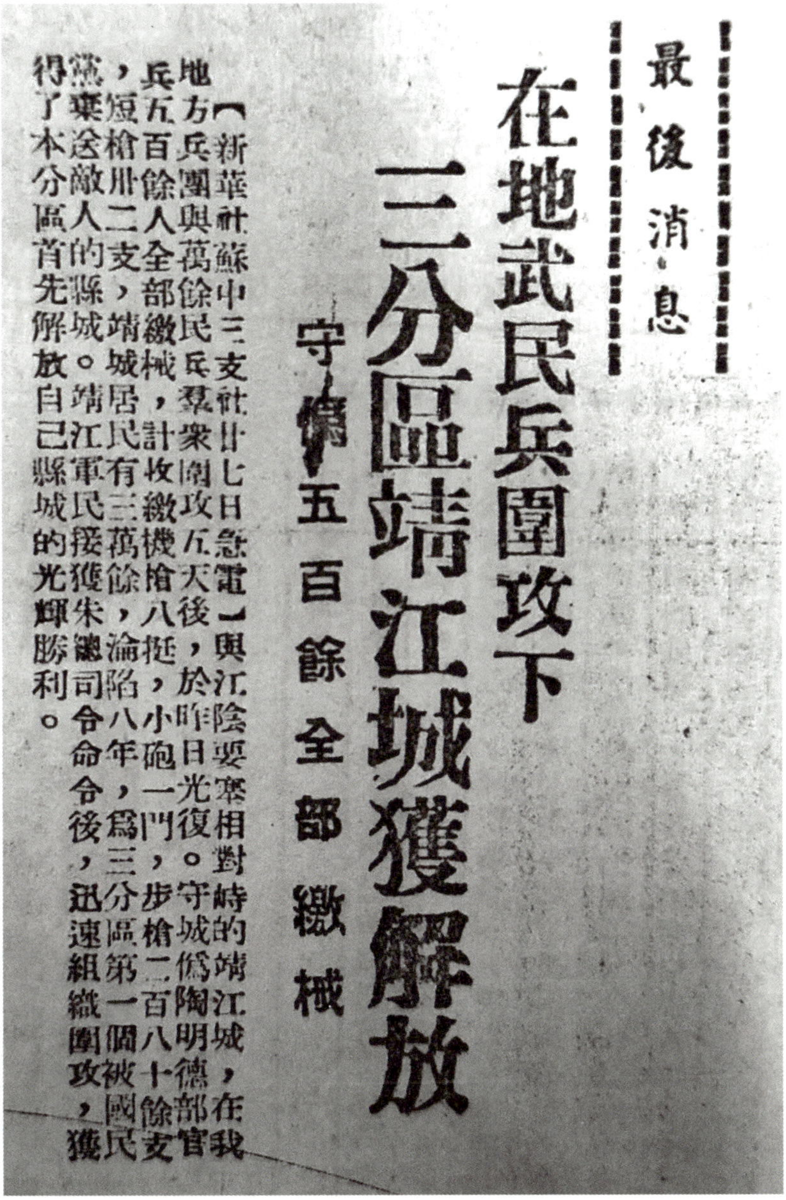

最後消息

在地武民兵圍攻下

三分區靖江城獲解放

守偽五百餘全部繳械

【新華社蘇中三支社廿七日急電】與江陰要塞相對峙的靖江城，在我地方兵團與萬餘民兵羣衆圍攻五天後，於昨日光復。守城偽陶明德部官兵五百餘人全部繳械，計收繳機槍八挺，小砲一門，步槍二百八十餘支，短槍卅二支，靖城居民有三萬餘，淪陷八年，為三分區第一個被國民黨棄送敵人的縣城。靖江軍民接獲朱總司令命令後，迅速組織圍攻，獲得了本分區首先解放自己縣城的光輝勝利。

《三分区靖江城获解放》（1945年8月28日《苏中报》）

战所需的担架队、救护队、宣传队等都事先进行组建和训练。凡搭浮桥、爬城墙等需要的物资器材，各地都按时抢运到指定地点。军粮、军草源源不断地送往前线。参加解放泰兴城的兵力和后勤人员达2万多人。

9月8日深夜，攻城指挥部发出了打掉县城外围据点的命令。各部雷厉风行，战士们以猛虎下山之势，向各自主攻的据点，猛打猛冲。霎时间，整个县城周围，枪声四起，捷报频传。分区十二团一举拔除了西门电灯厂的伪军据点。9月9日，分区十一团攻克县城西北张家山和农场2个据点。10日拂晓，水月庵据点被摧毁。泰兴东门外的北湾和北门外的燕头2个据点，被城黄区队和城区区队围困几天，先后被拔除，绝大部分伪军缴械投降。

南门外的岛石桥据点是比较大的1个外围据点，驻有2个连的伪军，武器装备精良，有机枪7挺、电台1架，是蔡鑫元较为倚重的一支主力。9月7日，曲霞区队和靖江民兵围困岛石桥伪据点。9月11日凌晨，分区十四团向该据点发起猛攻，激战4个小时，俘获2个连的伪军并收缴枪支、弹药、电台。至此，泰兴县城外围所有据点，除天星桥据点外，在短短的两三天中，被一扫而光。天星桥是泰兴县江边的一个港口，驻有500多个伪军，是伪十九师的桥头堡。蔡鑫元要求他们固守阵地，以此作为江南国民党军队接应的退守之地。

9月11日晚，攻城部队向蔡鑫元发出最后通牒，可是蔡鑫元不听劝告，向泰州孙良诚部发出求援，企图凭借城内几千兵马和坚固的防御工事，固守待援，妄图对抗到底。

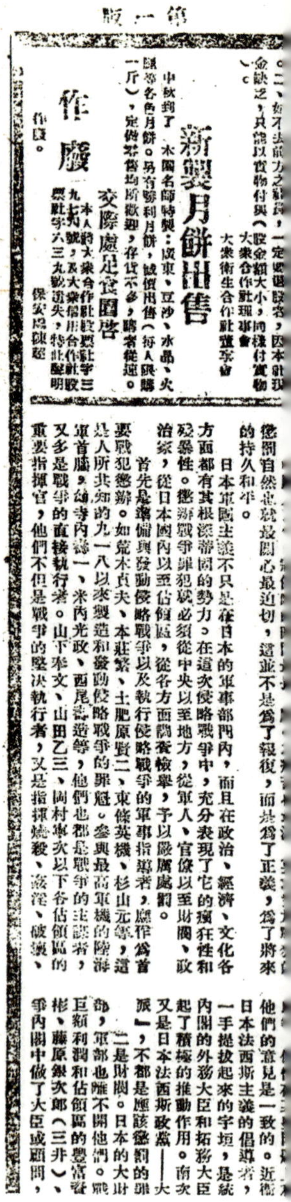
第一版

○二、如不出前方之勸募，一定要選股者，因本社現金缺乏，只能以實物付與（股金額大小，同樣付實物）。

大衆合作社理事會
大衆衛生合作社董事會

新製月餅出售

中秋到了，本園名師特製：廣東、豆沙、水晶、火腿等名色月餅。另有勝利月餅，減價出售（每人限購一斤），定價若售均所歡迎，存貨不多，購者從速。

交際處足食園啓

作廢

本人前大衆合作社股票社字三九七號，及大衆信用合作社股票社字六三九號遺失，特此聲明作廢。

保安處陳超

懲罰自然也就最關心最迫切，這並不是爲了報復，而是爲了正義，爲了將來的持久和平。

日本軍閥主義不只是在日本的軍事部門內，而且在政治、經濟、文化各方面都有其根深蒂固的勢力。在這次侵略戰爭中，充分表現了它的瘋狂性和殘暴性。懲辦戰爭罪犯就必須從中央以至地方，從軍人、官僚以至財閥、政治家，從日本國內以至佔領區，從各方面審查檢舉，予以嚴厲處罰。

首先是準備與發動侵略戰爭以及執行侵略戰爭的軍事指導者，應作爲首要戰犯懲辦。如荒木貞夫、本莊繁、土肥原賢二、東條英機、杉山元等，這是人所共知的九一八以來製造和發動侵略戰爭的罪魁。參與最高軍機的陸海軍首腦，如寺內壽一、米內光政、西尾壽造等，他們也都是戰爭的主謀者，又多是戰爭的直接執行者。山下奉文、山田乙三、岡村寧次以下各佔領區的重要指揮官，他們不但是戰爭的堅決執行者，又是指揮燒殺、姦淫、破壞、

他們的意見是一致的。近衛
日本法西斯主義的倡導者，
一手提拔起來的宇垣，是統
內閣的外務大臣和拓務大臣
起了積極的推動作用。南次
又是日本法西斯政黨——大
派」，不都是應該懲罰的罪
二是財閥。日本的大財

攻城指挥部作出部署：佯攻东门，主攻西门，迷惑敌人，打破缺口，四面开花，以获全胜。泰兴县独立团和有关的区队佯攻东门，根据预先的分工，迅速进入阵地，向东门城内的伪军发起猛烈的射击。短时间，搭浮桥的器材和爬城墙用

的长竹、木梯子，一批一批运往阵地。广陵区队由于弹药不足，压不住敌人的火力，前进有些困难。负责后勤的周光仪找来数门铁铸的土炮，分送给曲霞、广陵、城黄区的民兵使用。广陵区队在宗毅、陈同元等带领下，对准城墙上的望江台发射了几炮，吓得敌人不敢抬头，说新四军用上了新式武器——扫

中華民國三十四年九月十四日

解放日報

今日出版一大張 第一五七六號 社址：延安

中華民國卅四年九月十四日 夏曆乙酉年八月初九日

婦女合作社理事會 緊急啓事

請用精製中秋月餅

蘇中我軍收復泰興
俘偽十九師師長以下全部官兵

毛主席在渝發表談話
希望談判有良好結果
目前我軍避免與國民黨軍隊衝突，但仍繼續與敵偽軍作戰，因敵偽依然攻擊我軍。

社論
嚴懲戰爭罪犯

你

《苏中我军收复泰兴》（1945年9月14日《解放日报》）

帚炮。为进一步迷惑敌人，白天1个营的主力部队有声有势开入东门阵地，晚上再悄无声息地回到原有防地。第二天亦复如此。敌人认为新四军的主力在东门，指挥部也在东门，要从东门攻城。东门吊桥下紧靠城河边有一家吃食店，伪军认为新四军可以利用其作掩护，强迫店主自己放火烧毁。

9月11日午夜，攻城指挥部发出总攻泰兴城的命令，东门、西门、南门、北门的战斗进入高潮。新四军各部的指战员及民兵抢搭浮桥，抢登城墙，前仆后继，英勇杀敌。分区主力十一团担任主攻西门的任务，四连连长秦政率领战士抢渡城河，爬上城墙，与伪军展开了肉搏战。一连连长龙子影、二连连长谭英奉命率部打开缺口，向城内猛进。守东门一线的伪军，眼看东门已破，固守无望，纷纷向小南海撤退，妄图负隅顽抗。县独立团作战参谋尹家丰率领一、二、四连战士，乘胜猛扑小南海，不让敌人喘息。泰兴县委书记莫珊和县独立团副团长赵容也随后带领县独立团各分队，分四路扑向小南海。刚退至小南海的伪军，惊魂未定，不敢还手，很快全部缴械。攻打东门的其他区队，亦同时进城，向两侧搜索，捕捉残兵败将。南门、北门的进攻部队也相继破城入街，收缴枪支，捉拿俘虏。9月12日拂晓，战斗结束，泰兴城解放。天星桥据点的伪军见势，全部缴械。

解放泰兴城战斗全歼伪十九师，活捉伪师长蔡鑫元以及伪团长顾凤山、刘东元、陈正才等官兵4000多人。

（翁元峰）

通如靖泰临时行政委员会

1940年7月，新四军东进黄桥，创立黄桥抗日根据地，建立通如靖泰临时行政委员会。黄桥决战的胜利打开了华中抗战的局面，随着时局的发展，苏中抗日根据地得到巩固和发展，通如靖泰临时行政委员会最终发展成为苏中地区的抗日民主政权——苏中行政公署。

为了打开华中敌后抗战局面，1940年5月4日，毛泽东致电新四军《放手发展抗日力量，抵抗反共顽固派的进攻》，要求新四军“不要别人委任，不靠上级发饷，独立自主地放手地扩大军

通如靖泰临时行政委员会旧址（泰兴市黄桥镇米巷10号）

队，坚决地建立根据地……西起南京，东至海边，南至杭州，北至徐州，尽可能迅速地并有步骤有计划地将一切可能控制的区域控制在我们手中，独立自主地扩大军队，建立政权，设立财政机关”。陈毅接到毛泽东电报，于1940年夏率江南新四军主力挺进苏北，执行“开辟苏北，发展华中”战略任务。

陈毅（右一）、粟裕（左一）、朱克靖（右二）、吴仲超（左二）在黄桥丁家花园

1940年8月初，新四军在黄桥成立黄桥军民联合办事处，新四军苏北指挥部一纵政治部副主任陈同生兼办事处主任。黄桥军民联合办事处是一个所辖区域很小的临时过渡性政权组织，负责主持战勤工作，代行部分地方行政工作。同时，在黄桥周围设立4个区公所，建立区级政权。

8月20日，新四军苏北指挥部、新四军军分会发出《对于创建黄桥大根据地的指示》。8月底，通如靖泰临时行政委员会在黄桥成立，管文蔚任主任，陈同生任副主任，下设行政处、财政处、军事处、司法处等机构，颁布抗日民主施政纲领、“二五减租”法令和群众团体组织法。同时成立泰兴、泰县、靖江、如皋抗日民主政府，分别委任陈

黄桥丁家花园内的桂花厅

同生、惠浴宇、刘万里、梁灵光为四县县长。

管文蔚在《苏中抗日根据地斗争概况》中回忆："四〇年八月间在黄桥成立通如靖泰临时行政委员会，我当主任，这是苏中地区第一个共产党领导的、共产党人当主任的、小省制雏形的抗日民主政权。"通如靖泰临时行政委员会最主要负责三项工作："一个是搞统战，另一个是搞后勤，筹款，筹粮，解决部队的吃饭问题，还有扩兵。"

四县抗日民主政府为新四军多方筹集军粮，广泛发动民众参加农抗会、妇抗会、青抗会等抗日团体。10月，黄桥6000多人参加各种抗日团体，泰兴县3000多青年参加新四军和县、区武装，泰县蒋垛100多名青年参加新四军。

1940年10月，黄桥决战的胜利扭转了苏北抗战局势。为了进一步团结各阶层人士共同抗日，更好地担负起发动和组织根据地人民抗战的领导作用，11月15日，苏北临时参政会在海安召开，通如靖泰临时行政委员会改为苏北临时行政委员会，作为参政会的行政机构。管文蔚任苏北临时行政委员会主任，所辖范围约相当于后来的苏中区和盐阜区，即泰州、扬州、南通、盐城4个市。1941年2月，兴化县抗日民主政府建立，苏北临时行政委员会秘书长朱廉贻任县长。

苏中区党委成员合影，前排左起：陈丕显、刘飞、陈时夫、章蕴、管文蔚、张藩、梁竹吉；后排：姬鹏飞（左二）、陈玉生（左四）、刘季平（左六）、卢胜（左七）

1941年3月，中共中央将华中地区划分为苏南、苏中、淮海、盐阜、淮南、淮北等8个抗日战略区，每个战略区实行“小省制”，开展独立自主的敌后抗战。3月19日，苏中军政党委员会成立，东台、兴化及其以南，长江以北，运河以东地区划定为苏中区，苏北区党委改设为苏中区党委，刘炎任书记，陈丕显任副书记。新四军一师在苏中行政区实行党、政、军一元化领导，设4个行政区，南通、如东、启东、海门为第一行政区，靖江、泰兴、泰县、如西（今如皋）为第三行政区，江都、高邮、宝应为第一行政区，兴化、兴东、东台为第二行政区。每个行政区设地委、专署、军分区。苏中抗日根据由一、二、三、四分区和“联抗”特区组成，这种行政设置“更有利于我在日伪扫荡、清剿、分割的复杂形势下，坚持原地斗争”。

抗日民主政权“是抗日民族统一战线的最高形式，是赞成抗日又赞成民主的人们的政权”，需要一定的立法、选举程序。参照陕甘宁边区和华北抗日根据地的经验，华中各抗日根据地实行参议会——行政委员会——行政公署——专员公署——县政府的政权体制，其中参议会是根据地的最高权力机关，行政委员会是根据地政权的最高执行机关，行政公署则是行政委员会设立的政务机关即办事机构。1941年秋，日伪1.7万多人对苏北盐阜区和苏中区进行空前规模的大“扫荡”，接着又对苏中区发动冬季大“扫荡”，苏中区无法召开参议会，仍然沿用苏北临时行政委员会。1942年5月，撤销苏北临时行政委员会，成立苏中行政委员会，其办事

人民群众投票选举

新四军战士开垦荒地

机构为苏中行政公署，管文蔚任主任。

在政权构成上坚决按照中共中央关于“三三制”的原则，实行抗日民族统一战线政策，团结一切赞成抗日和民主的力量，对汉奸和反动派实行专政。1943年，苏中各县抗日民主政权改造基层政权，废除保甲制，建立新乡制，抗日根据地中心区按照“三三制”原则，由群众选举乡长，保证党的领导；抗日根据地游击区，仍由上级委任乡长。

苏中抗日根据地政权建设为抗战胜利作出重大贡献。在党的领导下，境内各级抗日民主政权开展减租减息运动，废除苛捐杂税，改善人民生活。执行“自给自足和统收统支”的财经政策，在“发展经济，保障供给”总方针的指引下开展大生产运动，为抗战筹集经费和粮食。广泛动员，建立地方武装，保证主力部队兵源。1945年春，靖江、泰兴、泰县、如西1个月有4000人参军，兴化县5天内500人参军。各县独立团上升为新四军主力部队，新四军一师主力从进入苏北时的9个团7000多人发展到50个团3.1万余人。苏中抗日根据地各级民主政权为新四军的发展壮大提供了坚强的后勤保障。

（申万霞）

靖江县抗日民主政权

1937年12月8日，靖江县城沦陷。靖江人民在中国共产党的领导下，积极投身抗日斗争，建立抗日武装和各类抗日组织，开辟敌后抗日根据地，组建抗日民主政权，为夺取抗日战争最后胜利做出积极贡献。

建立抗日民主政权

1939年夏，中共泰兴县委派出党员到靖江开展党的工作，恢复并发展地方党组织。1940年7月，新四军东进黄桥。8月，中共苏北特委决定撤销中共靖江县工委，成立中共靖江县委。靖江县委以“新四军靖江战地服务团”的名义对外办公，根据苏北区党委“发动群众，建立县区乡政权，为建立以黄桥为中心的抗日根据地服务”的指示，在新四军苏北指挥部工作队的指导下，建立“三三制”毗卢乡抗日民主政权及五区、七区等区级抗日民主政权。

1940年8月，新四军苏北指挥部在黄桥召开南通、如皋、靖江、泰县各界人士代表会议，成立通如靖泰临时行政委员会，颁布了抗日民主政权的施政纲领、“二五减租”（按抗战前地主对佃户的地租额，减去百分之二十五）法令和群众团体组织法。同时，宣布成立靖江、如皋、泰县、泰兴4个县抗日民主政府，委任刘万里为靖江县县长。

8月下旬，靖江县抗日民主政府在新镇市河南召开成立大会，刘万里就职讲话，宣读《靖江县抗日民主政府成立宣言》，宣布县抗日民主政府机构负责人和各区区长名单。会上，各界代表纷纷表示拥护“三三制”抗日民主政府，拥护共产党团结抗日主张。会后，县抗日民主政府向全县张贴了布告。全县人民欢欣鼓舞，抗日热情空前高涨。

减租减息运动

抗战爆发后，中国共产党为了争取广大农民群众团结抗战，及时对土地政策作了重大调整，减租减息成为抗战期间解决农民问题的基本政策。1940年秋，新四军苏北指挥部派出民运工作队和服务团，协同地方党组织发动群众，开展让租让息的工作。民运工作队在靖江县委组织部长莫珊、宣传部长杨捷、青年部长顾集等配合下，先到八区的王家桥、同心桥及五区的准提庵一带，召开群众大会，组建农抗会，同地主开展说理斗争。这一行动，在群众中影响颇大，附近的滨江、四圩等乡群众，纷纷要求工作队和区委派人帮助开展让租让息工作。

1941年春，日伪发动春季大“扫荡”。为了粉碎日伪的“扫荡”，建立巩固的抗日根据地，苏中区党委把发动群众开展减租减息（简称“双减”）摆在农村工作的首位。4月和5月间，苏中区党委和三地委先后召开会议，重点讨

根据地群众游行拥护减租减息政策

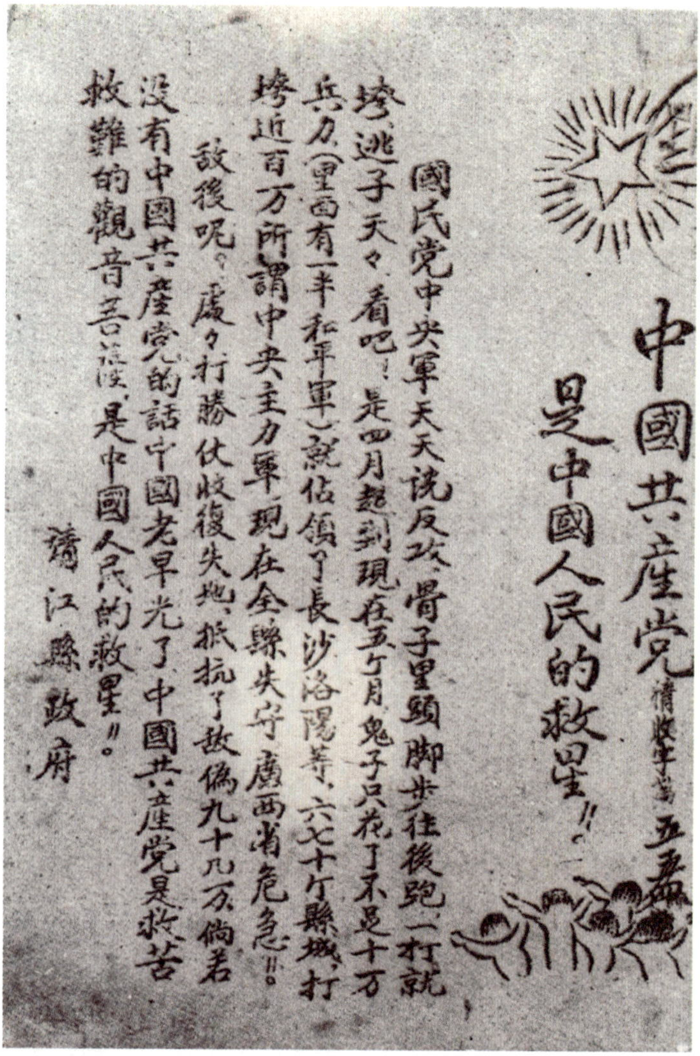

靖江县抗日民主政府印制的“中国共产党是中国人民的救星”传单

论夏收减租与开展群众运动的问题。苏中行署和靖江县抗日民主政府先后颁布了减租条例，明文规定实行“二五减租”和“分半减息”（地主放债收取的利息，年利率最高不得超过一分半）。靖江县委召开各区区委书记会议，传达贯彻苏中区党委和地委的会议精神，决定将让租让息改为减租减息。6月初，靖江县委于普济庵小学召开各区农民代表大会，县委书记曾涛作“双减”动员报告。会后，各地的“双减”运动展开。7月起，靖江县五区、四区、七区、八区先后成立农抗会。

1943年3月，县委决定全面发动群众开展“双减”运动，作为反“清乡”的一项重要准备工作。11月15日至16日，全县农民代表大会召开，选举产生了靖江县农民抗敌协会。接着，尚未建立农抗会的区、乡、村都相继成立了农抗会（组）。经农抗会动员，农民群众积极投入反“清乡”、反“伪化”的斗争。县、区两级领导深入基层，采取以点带面的工作方法，“双减”运动出现了前所未有的新局面。靖新公路大捷后，县委抓紧大好时机，开展以靖西和靖中为重点的反“伪化”斗争，推动“双减”运动的深入开展。至1944年春，全县查减运动基本结束，抗日根据地不断巩固和扩大。

改造基层旧政权

靖江县、区抗日民主政权初建以后，对乡、村政权采取“基本不动，个别调整”的办法，一般仍任用原来国民党统治时期的乡、保长，只对个别思想反动、民愤较大的乡、保长作了调整。随着根据地各项工作的开展，特别是反“伪化”斗争、“双减”运动的深入开展，农抗会、妇抗会、民兵、儿童团等群众组织的普遍建立，迫切要求改造束缚人民群众手脚的基层旧政权。

1943年6月，苏中区党委发布《关于建立党对政府的正确领导及积极改造政权的决定》，苏中行署公布《苏中区乡镇政府组织法》和《苏中区乡镇政府选举法》。8月，地委扩大会议作出《关于改造基层政权的决定》，强调这是巩

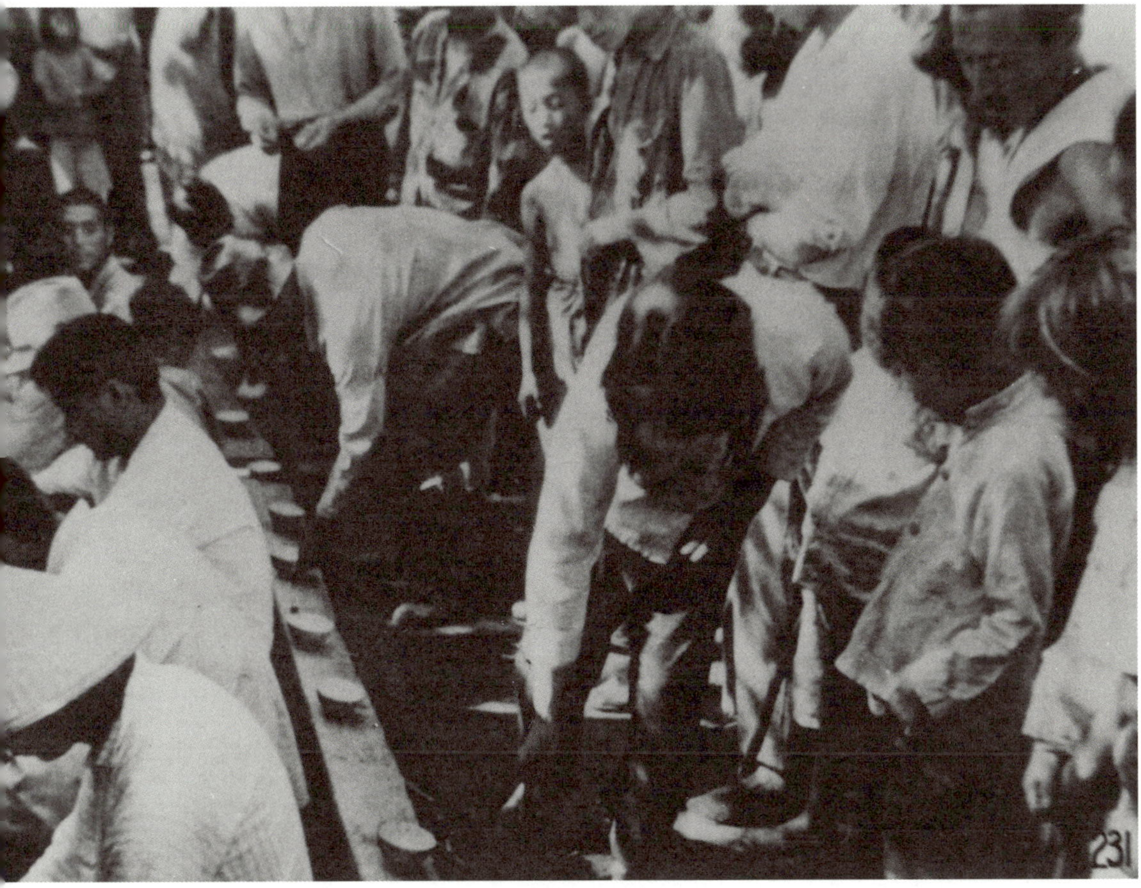

群众以“豆子选举”办法选举基层政权干部

固根据地、树立新民主主义政治楷模的基础，是争取反“清乡”、反“扫荡”胜利的必要条件。8月，县委根据上级指示，作出“改造旧政权、实行新乡制”的决定，派出工作组在长安区安武乡进行新乡制的试点，采用“豆子选举”办法，选举共产党员刘少卿为乡长。随后，该乡又对保长进行选举，并改名为村长。在试点取得经验的基础上，新乡制工作在全县范围内广泛开展。1944年7月，全县105个乡（镇），改造建立民主乡的53个，占50.4%；未改造的16个，占15.4%。新乡制的普遍实行，彻底改造了旧的基层政权，从根本上摧毁了国民党的乡保制度，把基层政权真正掌握在群众手里，对巩固和发展抗日民主根据地，维护群众利益，有着十分重要的作用。

重视财经和生产

1940年靖江县抗日民主政府成立后，在新四军苏北指挥部民运工作队的配合下，开始征收公粮，支持主力部队抗战。1941年3月，靖江县抗日民主政府建立了粮食科，继续开展征粮工作（亦称借粮），同时整理群众献粮的账目。征集的粮食除上缴和满足县级机关需要外，也出售一部分以补贴县财政收入的不足。5月，撤销粮食科，成立粮食管理局。6月，全县征粮扩大会议召开，贯彻苏中

1943年中共靖江县委领导成员合影（从左到右：薛先洛、李进、杨源时、汪青辰）

行政委员会粮食工作会议精神，拟定靖江第一个《夏季征粮实施细则》，布告施行。在分区征粮工作队的协助下，全县上下共同努力，超额完成了上级下达的1万担小麦的征粮任务。1943年，县抗日民主政府先后举办了粮管员和会计训练班，建立起全县财经体制，推动了各区、乡财经工作。

税收是根据地建设的一大经济来源。靖江的税收工作，从县抗日民主政府建立以后开始进行。靖江地处长江北岸，是苏中地区的南大门，南来北往的物资大部分从靖江中转运输，税源相当可观，每年上缴税款的数额很大。县抗日民主政府基本上做到：分区要什么货币，就给什么货币；要什么物资，就给什么物资。税种税率明确，不搞重复收税，深得人心，广大群众、商人都信得过。靖江的税收对苏中抗日根据地的巩固和发展，作出了很大贡献。

金融贸易工作是财经工作的一个重要组成部分。1942年8月，日伪用“囚笼”政策对抗日根据地实行经济封锁，许多紧缺物资都不准运往根据地，企图扼制靖江抗日民主根据地。为了粉碎日伪的经济封锁，靖江县抗日民主政府一方面对日伪进行经济反封锁，凡是敌人紧缺的物资，如粮棉、生猪、食油、酒等不准运往敌占区。另一方面，通过税收、做伪军工作、地下工作等多种渠道，千方百计地到敌占区将紧缺物资运回来。特别是通过税收这条渠道，以少收税乃至免税，促使许多商人不避风险，不断地把紧缺物资运销根据地，解决了军需民用。

靖江人民在日伪顽的疯狂掠夺

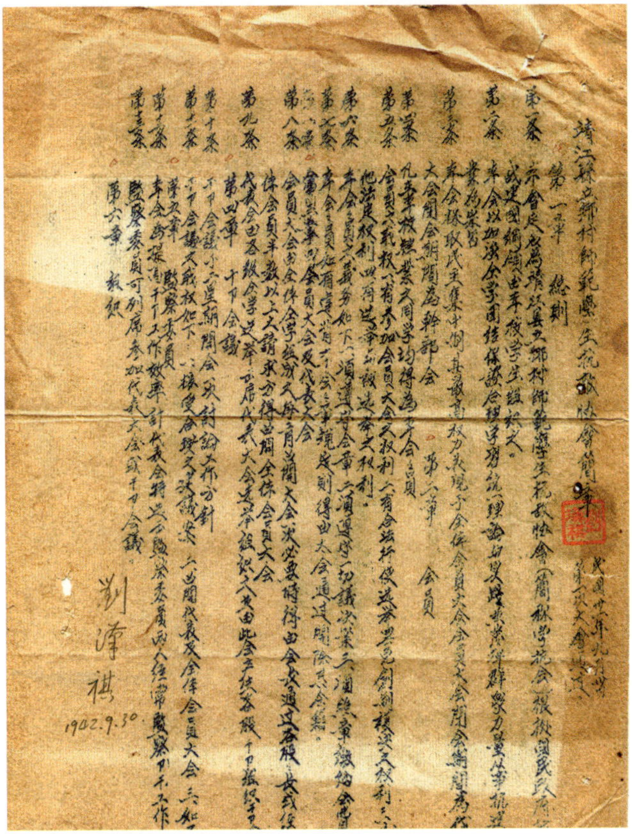
靖江县立乡村师范学校学生抗敌协会简章

下，生活极端困难。日伪疯狂“扫荡”，1942年农业歉收，1943年春荒严重，造成许多农民吃上顿、愁下顿。县委响应党中央关于开展大生产运动的号召，一方面带领群众生产自救，大力开展“双减”运动，在农民群众中提倡余缺调剂和借贷，提倡种蔬菜、挖野菜、捞鱼、摸虾，使全县人民度过了春荒；另一方面号召全县党政干部节衣缩食、踊跃捐献，赈灾济民。同时，县区干部和部队都开荒种地。各区队和民兵，实行劳武结合，一边劳动一边抗击日伪。大生产运动使蔬菜完全做到自给有余，粮食也做到部分自给，从而减轻了群众的负担。

1942年5月，根据苏中区《合作社组织暂行办法》，在抗日根据地的中心区开始发动干部群众创办合作社。1943年春，县委决定，由县、区抗日民主政府向贫困农民发放贷款，购买耕牛、农具、

新四军指战员帮助群众春耕生产

种子和肥料，支持农民发展生产，开展互助合作，组织互助组和伴工组，在全县开展大生产运动。大生产运动中，各地掀起创办合作社热潮。至1944年秋，侯河、太和、东兴、长安、西来、孤山、安人7个区的16个乡办起了生产、供销、消费、运输、信用、渔民和养鱼等7种类型22个合作社。合作社既是群众性的经济组织，又是党的抗日民族统一战线的一种组织形式，创办合作社，有利于抗日斗争的开展，促进团结群众抗日。

1943年冬至1944年春，县政府动员5000人（其中民兵2000人作骨干），拨出部分资金，疏浚了堨港、横港西段和竖心港南段，这些水利工程的顺利完成，对发展农业生产起到了很大作用，在人民群众中甚至伪军中都产生了很好的政治影响。

靖江县、区抗日民主政权的建立和完善，开创了靖江地区抗战的新局面。各级抗日民主政权充分发挥了职能作用，在发动群众、拥军支前等方面做了大量工作。靖江抗日根据地政权建设的宝贵实践，不仅为抗日战争的胜利奠定了坚实的群众基础，还为新民主主义革命的最终胜利提供了充足的理论和实践准备，为新中国政权建设提供了宝贵的历史经验。

（陆雪梅）

黄桥决战中的人民支前运动

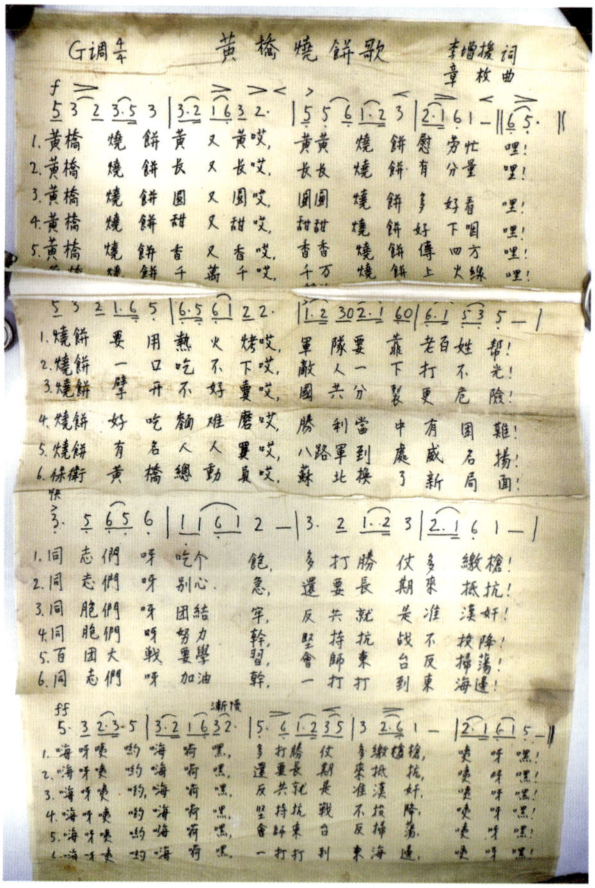

《黄桥烧饼歌》词谱

“黄桥烧饼黄又黄，黄黄烧饼慰劳忙，烧饼要用热火烤，军队要靠老百姓帮……”一首《黄桥烧饼歌》赞扬了新四军黄桥决战的辉煌胜利，也传唱了黄桥人民奋勇支前的动人篇章。

1926年秋，扬泰地区最早的党支部中共江浙区泰兴独立支部成立，党组织在黄桥周边农村开展活动。1929至1930年，如泰工农红军游击队、红十四军在黄桥一带活动，1930年8月发动“黄桥暴动”。早期党的活动和红十四军斗争影响深远，黄桥地区群众基础较好。1940年7月，新四军东进黄桥抗日，宣布废除苛捐杂税，开展减租减息，很快赢得了黄桥人民的拥护，农抗会、工抗会、妇抗会等群众抗日团体迅速组建起来。

9月底10月初，黄桥决战在即。为了保证黄桥决战的胜利，泰兴县各级党组织积极发动和组织广大群众支前参战，靖江、泰县、如皋党组织也进行了广泛动员。黄桥及周边地区广大人民纷纷响应，要人出人、要物有物、要粮有粮，坚决支持黄桥保卫战。

战前动员

黄桥决战前夕，为支援部队作战，黄桥决战支前委员会成立。苏北区党委、通如靖泰临时行政委员会、泰兴中心县委、泰兴县抗日民主政府等联合召开了近万人的战前动员大会，陈丕显、管文蔚、韦一平、陈同生等人先后发表讲话，宣传抗战形势，分析决战的有利条件。虽然秋雨淅淅沥沥，但露天会场上人头攒动，斗笠、蓑衣、军帽等汇集在一起，群情激奋，人民群众抗日反顽情绪高涨。会后，新四军战地服务团深入群众中广泛宣传，进一步增强了广大军民决胜的信心，黄桥地区掀起了空前的支前热潮。

在农村，各级党组织通过农抗会

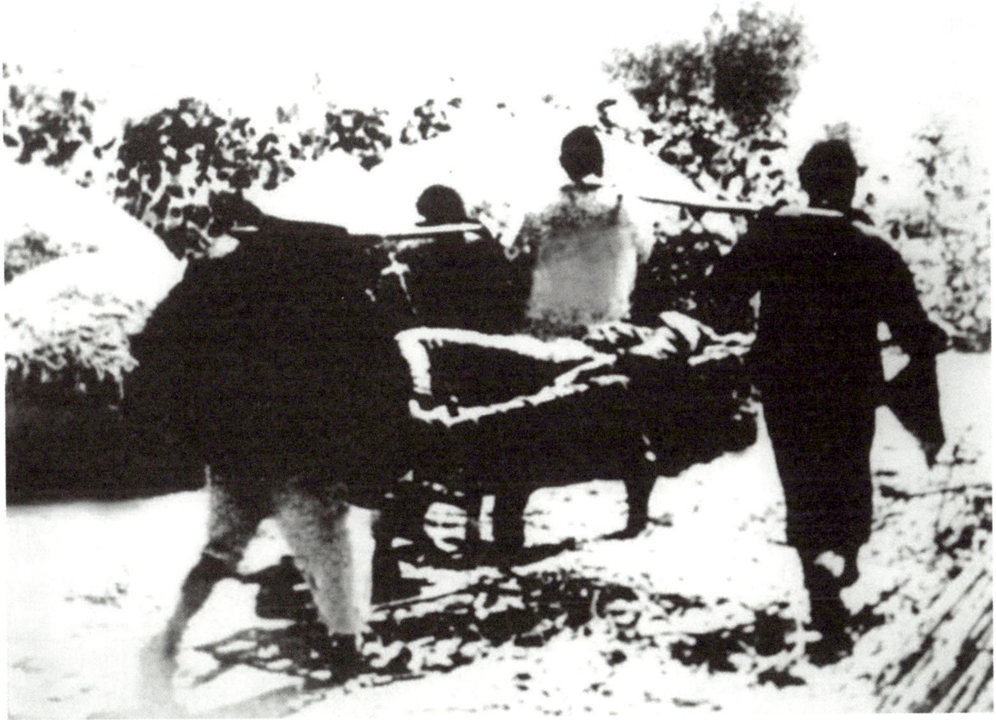

黄桥群众运送伤员

发动成千上万的农民帮助新四军抢修工事、挖战壕、筑圩子，他们有人把家中的衣箱、木料拿来加固阵地。黄桥镇周围原来只有一道土围墙，几千农民和新四军连夜突击，修筑起坚固的防守阵地。各地妇抗会除了为新四军做军鞋外，还组织人员成立伤病员看护队。

黄桥群众运送军粮

在镇区，黄桥工抗会组织400多人的工人武装纠察队，侦察敌情，维持秩序。工抗会宣传股长李竹之利用在大地主黄辟尘家做裁缝的机会，通过有关人员，探知韩德勤即将进攻黄桥的情报。青抗会和学抗会除参加巡逻外，还组织宣传队，张贴标语、散发传单。学抗会年仅15岁的田德仁，帮助新四军苏北指挥部张贴《告江苏省保安独立第六旅全体官兵书》，一直张贴到黄桥以东10多里的地方。

许多热血青年要求参加抗日队伍，在“吃菜要吃白菜心，当兵要当新四军”的歌声中，3000多名青年参加了主力部队和地方武装。各地群众还纷纷献粮献草。

战时支前

10月3日，黄桥决战打响。黄桥周边区、乡党组织和农抗会组织了一批又一批担架队，原来只要求3000名民工参加，报名应征人员达到7000人。他们用自家门板甚至用准备结婚打家具的木料制成担架，黄桥西郊殷坍乡的木匠顾金贵用家中木料做了6副担架，并报名参加担架队。民工们冒着枪林弹雨，把弹药运送前沿阵地，把伤员及时抢运到后方医院。

10月4日，顽军向黄桥镇发动进攻，陈丕显、管文蔚与朱履先等人在黄桥镇指挥后勤，检查各项支前工作，组织群众支前助战。陈丕显在《苏中解放区十年》一书中回忆："商抗会和商会也主动参加支前。黄桥镇上60多户烧饼店也动员起来，日夜开工为战士们准备干粮。时值中秋，当地群众按旧风俗家家赶做烧饼，最大的烧饼大如面盆。"

黄桥决战期间，黄云祥从事党的民运工作，他在《黄桥决战时泰兴县的发动群众的支前工作》一文中回忆："远离黄桥几十里的地方，包括靖江、泰县，千家万户也做油饼、涨烧饼，车推担挑从四面八方送前线。大路上、小路上送烧饼的人群络绎不绝。八月中秋，群众习惯做涨烧饼，黄桥何家祠堂的涨烧饼堆积了好几个大囤子，源源不断地供给部队。"

黄桥决战支前委员会设在何家祠堂，主抓粮食支前。黄桥决战期间，汪青辰任泰兴中心县委宣传部长，他回忆："何家祠堂的天井里堆满了大海碗一般大的黄桥烧饼，采取屯公粮的办法用芦苇把烧饼围圈起来。烧饼不单是泰兴的，还有靖江、如皋两县的，共10万多张。黄桥决战打了3天，这些烧饼战后还吃了5天。"

支前人员每天给战场上新四军运送烧饼。为了能够尽快将烧饼送到前线，支前人员不顾安危，在经过国民党顽军火力封锁的致富桥时，想尽一切办法从桥面匍匐过去、从河里泅渡过去。亲自目睹黄桥人民支前情景的顽军三十三师师长孙启人被俘后感慨地说，韩德勤战前动员时奢谈天时地利人和，只有实地感受，才知道什么是人心向背。

除了送烧饼外，战场附近的群众还烧茶做饭，就近送到新四军的前沿战壕中。

配合战斗

黄桥决战期间，泰兴中心县委安排党员做向导，新四军每个团都有4名泰兴地方党员（区委书记、委员）带路。泰兴县警卫大队和一至六区的地方武装被安排驻守黄桥西边，负责警戒泰兴城的日伪军，防止他们乘机进攻。

泰兴党组织发动地方武装和广大民兵为新四军侦察敌情、做向导，配合新四军战斗。广大群众主动为部队传递情报，年仅17岁的雁岭乡民兵鞠瑞生

新四军黄桥战役纪念馆中陈毅、粟裕塑像

爬到树顶，为部队侦察敌情，当顽军接近时，示意新四军进入高粱田中伏击顽军。黄桥东北挖尺沟附近的民兵何相全发现顽军李守维部队进村，跑步到新四军驻地三里庄报告敌情，并为新四军带路向挖尺沟出击，还主动找来3名群众，护送伤员送到后方医院。

顽军向营溪进攻时，占据界河边的观音庵作指挥所，拆除河上的木桥，砍光了河南边的高粱和树木，妄图抵抗新四军的反击。紧靠桥南居住的农抗会会员李宏寿、徐长贵，看到新四军在开阔地反击顽军，伤亡很大，就向新四军喊话，指点部队从东边的一条南北沟潜行迂回到桥头，利用他们两家的房屋作掩体，在屋顶上架起机枪，横扫桥北的顽军，很快摧毁了顽军指挥所。

顽军被新四军包围后，群众自发地组织起来拆桥破路、切断敌人退路。地方民兵配合主力部队看押俘虏，包抄顽军，打扫战场。古溪李家庄农民王子来，帮助新四军运送弹药后，归来途中拣到一颗手榴弹，当他发现几个溃逃的残敌隐蔽在农田中，迅速将手榴弹掷过去，并乘势冲上前夺下顽军的1支枪，俘虏4名顽军。

黄桥决战中，黄桥地区的人民群众奋勇支前，为黄桥决战的胜利奠定坚实的基础。在总结黄桥决战时，粟裕指出："黄桥决战的胜利是党中央进军敌后抗日的正确路线的胜利，是以陈毅同志为首的指挥员正确的战略决策和战术上诱敌深入、各个击破以及军队勇敢作战的胜利，是广大群众积极支持、踊跃参战的胜利。"陈毅指出："黄桥之战的胜利，不是新四军几千人的胜利，而是十万军民共同战斗的胜利。"

（姚俊峰）

泰兴乡村师范

抗日战争时期，中国共产党在泰兴创办一所“抗大式”学校——泰兴乡村师范学校（简称“泰兴乡师”），这是江苏省第一所培养抗日干部和教师的学校。学校坚持游击教学，虽然只开办了4年多的时间，却在苏中教育史上留下了精彩的一笔。

泰兴乡村师范学校旧址——河失镇常周粮管所

1941年1月11日，日伪3000多人占领黄桥地区，开始对苏中地区进行疯狂“扫荡”。强敌压境，敌强我弱，中共泰兴县委、泰兴县抗日民主政府转移到农村，敌占区的斗争活动逐渐由公开转入地下。为发展革命力量，培养适应抗战和根据地建设需要的干部和人才，苏中三地委指示泰兴县委创办乡

泰兴乡村师范学校一分校旧址——芮家庄东荡野庙

吴荣成、顾维俊（均为党员）到校指导并任教，泰兴县委青分委成员赵颖萍、汪普庆、李承烈、吴彤等也以乡师为大本营开展工作，除赵颖萍外，都在乡师任教。

泰兴乡师招收的学生大多是高小毕业以上文化程度的贫苦农家子弟，不收学费，还根据学生家庭经济状况，发给几十斤不等的粮食。粮食按月发给公粮证，由学生或学生家长凭证向抗日民主政府基层政权领取。由于处于抗战状态，学校办学条件极端艰苦。学校没有固定的校舍，教室一般设在祠堂、庙宇或老百姓家中，学生则分散居住在邻近的群众家里。学生每天都把自己的衣物打成背包，课桌椅是折叠式的，一有敌情背起来就可转移。学校除了1个闹钟、1架油印机和1只摇铃以外，其他教学设备几乎一无所有。很多教材都是由教师自己编写、自己刻印。

村师范学校。

冬，泰兴县抗日民主政府在常家庄创办泰兴乡村师范学校（南乡师），学制3年。1942年春和1943年春，又分别在倪浒庄、戴家集创办泰兴乡师一分校（北乡师）和二分校（西乡师）。北乡师开设1个简师班和1个社会教育班，学制均为半年，专门培训社会教育和文艺工作干部。

泰兴县委十分重视教师队伍建设。泰兴县抗日民主政府调集刘伯厚、张青萍、姚古渔、王养源、陈六中、夏从一等一批进步教师到乡师任教，还从抗日民主政府行政岗位上调来顾建中、学校老师不畏艰难困苦，四处奔波，坚持游击教学。平时，师生生活在一起，夏天睡门板，冬天睡地铺。面对日伪军的袭扰，学校组织师生开展转移演练，随时做好战斗准备。有时深更半夜遇有紧急情况，全校师生一道转移。1942年春的一天深夜，驻倪浒庄的北乡师师生遭敌人多路合击，日军的马蹄声把师生们从睡梦中惊醒，由于平时训练有素，师生们凭借着黑夜掩护，分头安全转移出村。当时有这样一首短歌："化整为零，师生小队行。沟头岸边照上课，及时探敌情，林间放哨兵。腰插榴弹手书包，师生游击办学校，上课不忘打仗事，读书、救国都做到。"这首短歌就是当时泰兴乡师游击教学的真实写照。这种紧张的战斗化生活锻炼了乡师学生适应战争的能力，即使敌人进行梳篦式"扫荡"，也未能把泰兴乡师摧垮。

泰兴乡师始终坚持"抗日民主立场和学用一致"的教学方针，努力为根据地斗争和建设培养人才。乡师非常重视思想政治教育，政治课主要讲授《中国革命和中国共产党》《论持久战》《抗日游击战争的战略问题》《新民主主义论》等，还讲授《社会发展史》《大众哲学》等课程，这些教学内容把党的抗日政策和无产阶级革命思想传输给学生，帮助他们树立革命人生观。

学校注重把课堂教育与社会实践相结合，学生除学习政治理论、文化知识外，还积极参加社会活动，配合抗日民主政府的中心工作，在实践中不断锻炼自己。他们为农民上文化课，教唱歌，讲政治形势；组织歌咏队、演剧队，自编自演文艺节目；参与动员青年参军，支援前线，抢收护粮，参加反"清乡"、反"扫荡"等宣传活动。通过参加革命斗争和根据地建设，学生增长才干，一旦有需要，他们随时可以参加革命工作，奔赴战斗岗位。

1944年春，为避开敌人的扩展"清乡"，苏中行署、苏中三地委将泰兴乡师（南乡师、北乡师、西乡师）和靖江、泰县、如皋等县的几所乡师、中学高年级，组成苏中三分区联合师范，简称三联师，刘伯厚任校长。1944年3月，苏中区党政领导机关、新四军一师师部迁至宝应东荡地区，宝应成为华中抗战大反攻的重要基地之一，是苏中抗战大反攻的指挥中心。刘伯厚率领600多名师生，步行400多里，越过重重封锁线，转移到苏中行署所在地宝应县继续办学。学生经集中学习培训后，分配到基层搞乡政权改造，组织伴工队、互助组，整顿民兵，开展征收公粮、动员参军等工作。

泰兴乡师合并转移宝应办学后，仍有一部分师生留在泰兴，分别在吴家庄、秦家楼和鞠家庄继续办学。1945年2月，中共泰兴县委在薛家垛成立了泰兴县学，留下的学生转入县学童干班、会计班和民干班学习，后又将其中部分学生并入三联师。至此，泰兴乡师完成抗日使命。

泰兴乡师数年中培养的大批干部汇进了苏中的抗日洪流，在革命斗争中贡献了他们的智慧和力量。一部分师生在战争年代为革命献出了宝贵生命，刘伯厚校长在北撤中被敌人暗害，王文溪在临朐战役中牺牲，严法贤在渡江作战中牺牲……

新中国成立后，泰兴乡村师范学校毕业生继续为社会主义革命和建设、改革开放和社会主义现代化建设做贡献。泰兴北乡师1941届学生近50人，其中有20人担任过师级、地方厅局级职务。泰州市第一所公办本科院校泰州学院追溯泰兴乡村师范为学院的源头。

（姚俊峰）

泰州学院

兴化朱严师范

创办军事学校是中国共产党的优良传统，也是中国革命的成功经验之一。早在南昌起义之后，各地红军相继创办军政干部训练班、教导队、随营学校和红军学校。红军长征到达陕北后，中共中央于1936年6月在瓦窑堡创办中国人民抗日红军大学，不久后迁往陕西保安，1937年1月改名为中国人民抗日军事政治大学（简称“抗大”），培养抗日军事、政治干部。

1944年，中共兴化县委、县抗日民主政府为了培养抗战人才，促进根据地教育，创办兴化简易师范学校。为适应战争环境，考虑隐蔽需要，学校设在永丰东南的西隐寺，兴化县抗日民主政府县长李健兼任校长，与县文教科合署办公。为纪念在兴化革命斗争中牺牲的朱廉贻和严昌荣两位烈士，学校被命名为朱严师范学校。朱廉贻历任苏北临时行政委员会秘书长、兴化县抗日民主政府县长，1941年2月在掩护县政府机关人员分散突围时不幸牺牲。严昌荣为新四军一师三旅七团团长，1943年9月率部攻打唐子镇敌伪据点时不幸牺牲。

朱廉贻

严昌荣

朱严师范学校贯彻“抗大”办学精神，创办之初即树立

“抗日救国、保卫家乡、巩固根据地”的理念，积极开展干部培养和文化教育。学校开设政治、文化、业务三类课程，选取毛泽东、刘少奇的著作作为政治教材，结合报纸、文件或经验总结等开设业务课程，同时学习《社会发展简史》《大众哲学》以及党报上重要的社论、文章等。学校教学采取官教兵、兵教官、兵教兵等方法。每期学员少则四五十人，多时上百人甚至几百人。每期学习时长以半月居多，也有长则两三个月的。师资力量除学校几个负责人和教师外，县干部也积极参与教学，他们有丰富的斗争经验，极大地开阔了学生的眼界。

朱严师范学校坚持政治挂帅，每期开班都要安排学员听政治形势报告，一般由校长李健做报告。中共兴化县委宣传部长郑光耀也经常来校指导并讲话，苏中区党委宣传部长、第二地委副书记俞铭璜也几次到校作辅导报告。

学员们一边紧张学习，一边帮助群众生产，严格执行三大纪律八项注意，平时分散住在农民家里，冬天睡稻草地铺，夏天睡门板。通过养猪、种菜，学员们培养了与群众同甘共苦、艰苦奋斗的优良作风。不管白天黑夜，还是严冬酷暑，学员们随时打起背包就出发，有时行军几十里，找临时“校舍”安顿下来，坚持游击教学。

1944年6月，苏中行署召开会议，研究和部署逐步推广新乡制，废除旧政权的保甲制，同时提出把扫除文盲与民主政治教育、明理与识字结合起来，要求各县设立县学和乡学。中共兴化县委、县政府决定以朱严师范学校为县学，每乡设1名脱产的文化教员。朱严师范学校培训范围扩大到区乡干部和各乡业务人员，比如文化教员、财粮员、会计等。

为确保思想引领和组织凝聚，学校设立了党团组织，还特地组建了青年先锋队。青年先锋队积极参与反霸斗争，大力开展扫盲活动，为提升当地民众的文化素质发挥了重要作用。朱严师范还创办附属小学，校长由姚迁担任，刘烁夫任专职教师，其他教师则主要由朱严师范学校的在职教师和实习学员兼任。兴化抗日民主根据地的区、乡儿童团团长和部分骨干，都曾分批集中到附属小学进行学习和训练。

1945年9月初，新四军解放兴化城，朱严师范学校迁入兴化城。一部分人员组建宣传队，宣传党的方针政策，另一部分人员继续教学或组织城内学校复课。不久，朱严师范学校奉命停办，光荣完成历史使命。

兴化市永丰中心校小学部

朱严师范学校在开办的一年多时间里，先后培养了1000多名文教干部和小学教师，为抗日民主根据地的建设和教育事业的发展做出了积极贡献。

朱严师范学校停办后，附属小学并入徐扬小学，继续为当地教育事业贡献力量。为纪念朱严师范学校，徐扬乡政府（2000年徐扬乡并入永丰乡）将集镇的主街道命名为朱严路，街上的主桥命名为朱严桥。2002年，永丰镇在朱严师范学校原址创办一所公办民营学校，取名为朱严学校，教学楼分别命名为廉贻楼和昌荣楼，江苏省人大常委会原副主任、抗战期间曾任兴化县委书记的戴为然为学校题写校名。2011年，教育体制改革，学校改名为兴化市永丰中心校小学部。

（印　霞）

泰兴抗日救亡大队

1938年2月，陈玉生在泰兴发动工人、农民和青年学生，组建抗日救亡大队。在抗日烽火中，泰兴抗日救亡大队发展成为新四军的主力部队。

借枪抗日

1900年，陈玉生出生于泰兴县广陵镇陈家庄，15岁到上海做工。九一八事变后，在中共党组织和进步工友的引导下，陈玉生参加罢工、游行示威等抗日救亡活动。1936年春，加入中国共产党领导的上海抗日救国会，参加工人夜校学习，从事抗日宣传，组织工人罢工。1937年春，国民党上海警察局将其逮捕，同年4月被押解回泰兴监狱。全面抗战爆发后，他在狱中团结难友开展绝食抗争，终获释放。

陈玉生出狱后，回到家乡陈家庄。他接受进步人士陈进党组建抗日游击队的建议，与马般青、丁正如、王士连等人商定借枪抗日。日军占领靖江后，泰兴每个乡几乎都配有10到20支枪，有些地主家也有枪。陈玉生一方面组织20多名青年进行列队、跑步训练，为借枪做准备，另一方面通过熟人摸排情况，了解枪支数量及藏匿地点。

1938年2月，日军占领季家市，烧杀抢掠，蹂躏百姓。陈玉生带着20多

陈玉生

人到紧邻季家市的鹅湖乡，向乡长和地主说明抗日救亡的道理，借到18支枪，成立了1个排。随后，陈玉生等人冒着严寒到洋港乡，以打借条方式把洋港乡的枪和子弹全借到手。他们一鼓作气，又从其他七八个乡借到枪和子弹。

2月16日，泰兴抗日救亡大队在泰兴县常周乡龙王殿成立，陈玉生任大队长，陈进觉任政治处主任，下设3个连队。周边的青年慕名而来，不久抗日救亡大队发展到200多人。

首战告捷

1938年2月中旬，抗日救亡大队队员到广陵镇去买菜，得知广陵镇镇长准备在21日大办宴席，招待由靖江城到广陵镇巡逻的日军。

陈玉生觉得这是一个难得的机会，决定带领抗日救亡大队伏击日军。2月21日早上，抗日救亡大队队员埋伏在范家石桥公路两旁，静静等待日军的到来。不久，约200多个日军和伪警察进入抗日救亡大队队员的视野。当日军进入伏击圈，队员们一起开枪，当场击毙了几个。敌人马上组织还击，火力很猛，队员按照预定计划，边打边撤，转移到河西。敌人咬住不放，企图包围抗日救亡大队。河西地势较高，队员利用一座座坟堆，向河东敌人射击，敌人在河东没有掩护物，只能匍匐在地上射击。战斗一直持续到下午3点多，毙、伤敌人约40多人，抗日救亡大队2名队员牺牲、3人受伤。

范家石桥伏击战是泰兴人民武装打击日军的第一仗，增长了泰兴人民的志气，振奋了人心。当晚，当地群众抬着猪肉、大米，慰问抗日救亡大队的战士。东海镇镇长为牺牲的战士召开追悼大会，周边群众家家门口挂白灯致哀，男女老少挥泪送别。这次抗日行动遭到国民党政府的嫉恨，国民党南通专署保安司令袁国宝以整训为名，将抗日救亡大队骗到南通，于3月16日收缴抗日救亡大队的枪支。

解放靖江城

南通缴枪事件后，陈玉生等人重新集中起来，先后收缴国民党如皋县张黄港税所、江安区常备队、石庄区公所、西来区公所以及泰兴县古溪警察分局的长、短枪200多支，再次建起队伍。为取得合法抗日地位，陈玉生接受张公任江苏省民众自卫队通如区右翼指挥部的整编，陈玉生任第三支队第二大队大队长。抗日救亡大队虽被收编，但独立建制，不拆散队伍，指挥部不能调动人、枪，违背抗日的命令概不执行。

陈玉生发现靖江城的日军只有二三百人，季家市的日军只有三四十人，都驻在街东头的汤乾号典当里。7月12日拂晓时分，陈玉生组织120人的敢死队袭击驻季家市的日军。队员隐蔽在汤乾号典当北边的高粱地里，以划火柴为号，一起向敌人的院内扔手榴弹。120多颗手榴弹同时爆炸，日军惊恐万分，仓皇逃往靖江城。敢死队队员紧跟其后追击，一直追到靖江城。靖江城的日军见状，未作抵抗，随同季家市的日军一起逃往江南。陈玉生趁势收复靖江城，缴获日伪大量物资，并打开仓库，赈济难民。一周后，日军从江南调来大批部队，重新占领靖江城。陈玉生率部撤出靖江，转移到季家市、黄桥等地。

接受党的领导

陈玉生部撤到黄桥休整后，国民党江苏省代主席韩德勤暗中命令泰兴县县长朱雨峰拖欠官兵粮饷，随即命令江苏省保安第四旅何克谦部伺机消灭张公任部和陈玉生部。为了保存部队，张公任的部队接受鲁苏皖边区游击总指挥部的收编，陈玉生部随张公任部被改编为第三纵队第八支队第二大队，陈玉生任大队长，驻守夏港一带，队部设在丁家桥。1939年，陈玉生部升为第八支队。

陈玉生部缴获的日军皮靴

1939年初，新四军挺进纵队第三大队政治指导员金求真奉命到泰兴重建党组织。金求真首先在陈玉生部开展工作，考察培养优秀青年，先后发展黄云祥、谢克西等加入中国共产党。4月，陈玉生秘密加入中国共产党。1940年上半年，陈玉生部近80人被发展成中共党员，成立了总支委员会。全支队10个连队中有9个连队建立了党支部或党小组，5个连队的连长、指导员都是共产党员，陈玉生部已经完全置于党的领导之下。

1940年6月，陈玉生率部驻扎在泰兴。郭村保卫战前夕，为加强对陈玉生部的控制，李长江突然下令，调八支队驻防泰州城。陈玉生断然拒绝，同时向新四军挺进纵队副司令员叶飞报告此事。挺进纵队派四团团长邱玉权，率部星夜渡过通扬运河，进驻泰州与泰兴之间，接应陈玉生部，同时相互支持，以防李部袭击。6月27日，叶飞给四团发电报，要求速回参加战斗，同时要求陈玉生率部参加郭村保卫战。陈玉生部跟随挺进纵队四团出发，击溃李长江驻防刁家铺部队，到达郭村南边大桥地区，控制了长江南北交通，增强了郭村的南线防卫能力，以便让主力部队出击打击敌人。

郭村保卫战胜利后，陈玉生的抗日救亡大队正式加入新四军，被编入新四军苏北指挥部第三纵队第八团，完成了由一支自发的人民抗日武装到新四军正规部队的转变。

（翁元峰）

泰县文化界抗战工作团

全面抗战爆发后，泰州地区的一批进步青年以泰县文化界抗战工作团为阵地，积极开展抗日救亡宣传工作。

进步青年的组织

1937年冬，泰州进步青年戴为然与盛坚夫、张岳侯等积极组织抗日武装，在兴化、东台、泰县三县交界地区举办冬防讲习会，开展抗日宣传教育。盛坚夫是江苏兴化人，曾就读于南京晓庄学校，后跟随陶行知到上海，参加了一系列抗日救亡活动，1937年秋回到家乡开展革命工作。

俞铭璜

如皋青年俞铭璜立志追求革命真理。1932年，年仅16岁的他便担任《民生报》副刊主编，1933年参与创办文学刊物《春泥》，后来发起组织进步文学团体春泥社，开展抗日救亡宣传。1938年初，俞铭璜在寻找党组织的途中，辗转来到泰州，结识了进步青年戴为然。

俞铭璜、戴为然在泰州偶遇，一见如故。俞铭璜决定留在泰州，一边参加抗日救亡活动，一边寻找党组织。在俞铭璜、戴为然等青年的积极活动下，李健等更多志同道合的青年汇聚到了一起。李健是江苏铜山人，1933年考取徐州警察训练班，1937年初至泰县公安局任警察。面对民族危亡，这些进步青年心怀救国理想，朝夕聚议，畅谈抗战形势，探讨革命斗争。

1938年夏，他们与上海文化界的张宗麟取得联系，批量引进《译报周刊》等进步刊物和一些马克思列宁主义译著，其中包括中共中央机关刊物《解放》、毛泽东的《论持久战》和《西行漫记》《新四军论集》等，并委托城内的书店出售。这些书刊不仅武装了泰州地区的进步人士，还远销淮北、皖东北地区，在当地的抗日团体和抗日武装部队中影响较大。

为了配合全国抗战的需要，更好地组织泰州地区进步青年开展抗战宣传工作，俞铭璜、戴为然、盛坚夫、李健等广泛联系文化界、教育界的爱国进步人士，在1938年淞沪会战一周年纪念之际，成立群众性的抗日团体——泰县文化界抗战工作团。为取得合法地位，推举国民党泰县党部书记长顾伯奋任理事长，盛坚夫、戴为然、孙龙父等11人为理事，俞铭璜以宣传干事的身份参加工作团。

宣传抗战的团体

泰县文化界抗战工作团初建时，团员大部分是城区的进步知识分子，其中有年过花甲的老人，也有十几岁的中学生。工作团在泰州城区北门越城关帝庙设办公室和阅览室，在炎帝宫设联络处及各活动室，建有壁报、歌咏、讲演、写作、时事研究、战时教育研究等6个小组。

工作团积极开展抗日文化宣传活动。在《泰县日报》副刊上开办《抗战文化》《抗战戏剧》《抗战妇女》等专栏，以紧密结合实际、形式活泼、短小通俗的文艺作品，表达群众的抗战呼声，具有很强的感染力。他们深入城乡，演唱《义勇军进行曲》等抗日救亡歌曲，演出抗日戏剧等，受到社会各界人士的支持，越来越多的人要求加入工作团，1938年底城区团员人数增加到近

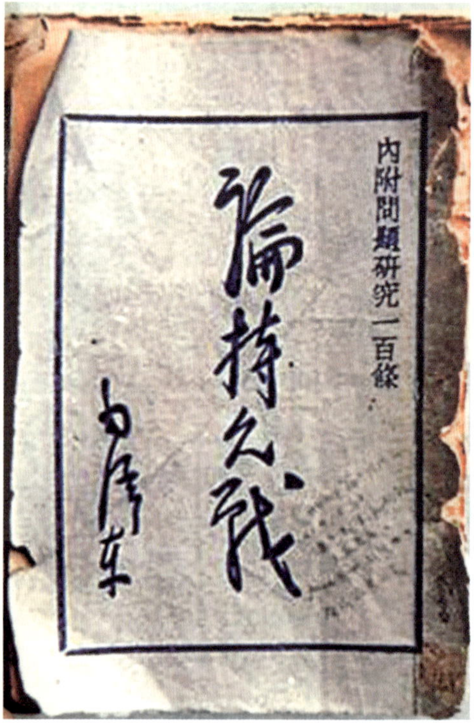

毛泽东《论持久战》

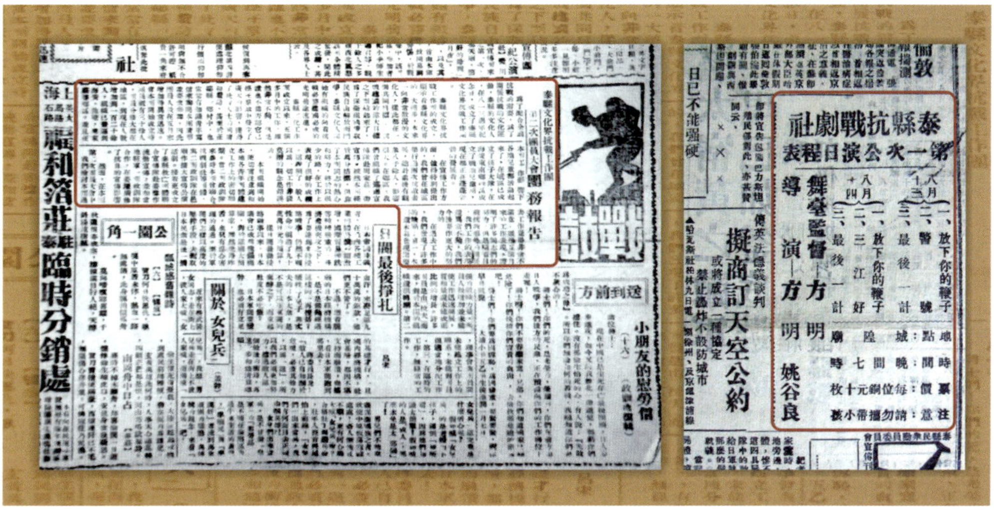

关于泰县文化界抗战工作团和抗战剧社的报道（1939年《泰报》）

200人。

为进一步扩大影响，工作团在苏陈、港口、姜堰、曲塘、海安等地成立分团，根据实际情况开展了形式多样的宣传活动。曲塘分团把《论持久战》中驳斥“亡国论”“速胜论”的重点内容编成墙报，连续刊出。1939年初，工作团在城区中山公园举办抗敌画展，将毛泽东、朱德的画像放在“抗日将领”专栏最醒目的位置，在泰州引起很大反响。

工作团将泰州城区孩子壁报队改建为孩子大队，积极配合工作团开展抗日救亡活动。孩子大队建立歌咏队，到新城、老渔行和鲍家坝等地开展宣传演出。每到一处，队员们都用红土在墙头写上宣传抗日的标语。1939年3月，孩子大队队员扩展到泰州城区各个小学和改良私塾。

走向革命的阵地

泰县文化界抗战工作团的影响越来越大，俞铭璜、戴为然等进步青年在抗战宣传中经受锻炼，迅速成长、成熟。1939年初，俞铭璜经新四军第三支队政治处主任惠浴宇介绍，加入中国共产党。俞铭璜以泰县文化界抗战工作团为阵地，积极开展革命活动，先后介绍戴为然、盛坚夫、李健等加入中国共产党。1939年2月，中共泰县工委成立，俞铭璜任书记，戴为然、盛坚夫等为县委委员。

泰县工委领导工作团开展范围更广、形式更丰富的抗战活动。俞铭璜担任抗战剧社编导，编排《三江好》《放下你的鞭子》等抗战戏剧，先后在泰州城区、姜堰镇、塘湾、溱潼等地演出。戴为然前往泰县北乡罡门、渔行，江都小纪、樊川等地开展工作，以私塾先生的身份为掩护，宣传抗日时政，教唱革命歌曲，组织演出进步戏剧等，选派进步青年到新四军创办的学校培训，输送新生革命力量，还发展党员，建立中共泰州城区、姜堰、曲塘3个区委，在泰来面粉厂、内河小汽轮等建立党支部。盛坚夫回到家乡东浒垛，在里下河一带发展党组织，于1939年2月底成立东浒垛党支部，并担任支部书记，点燃里下河地区抗战星星之火。

1939年1月，国民党五届五中全会制定了“溶共、防共、限共、反共”的方针，反共顽固派、国民党江苏省政府主席韩德勤在苏北各地限制并打压群众自发的抗日救亡运动。泰县文化界抗战工作团在泰州城乡开展的抗日救亡活动引起韩德勤的注意。7月，韩德勤下令通缉俞铭璜、戴为然。为保证安全，党组织调俞铭璜任苏北特委宣传部长，兼办《苏北论坛》，调戴为然任陈玉生部战地服务团团长。9月，泰州地区各群众抗日团体相继被迫停止公开活动。

为打破限制和压迫，泰县文化界抗战工作团采取更巧妙的办法，继续从事抗日救亡活动，工作团的领导骨干得到历练成长。俞铭璜后来任中共苏中

抗战剧场画

中共泰县工委旧址

区委宣传部长，被陈毅称赞“是个多面手，年轻肯干，能说会写”，有“苏中才子”之名。戴为然历任中共兴化县委书记兼县独立团政委、兴（化）东（台）泰（县）特区地委副书记等，在带领群众开展武装斗争、减租减息运动、巩固发展抗日民主根据地等方面做出积极贡献。盛坚夫历任兴（化）东（台）泰（县）边区工委书记、泰县县委委员兼武装部长等，配合开展民运工作，在根据地进行减租减息，参加反“扫荡”、反“清乡”斗争等。

泰县文化界抗战工作团不仅培养了党的行政、军事干部，还走出了石林、李进等新四军文艺尖兵。石林和李进同为泰州人，发起成立泰州抗战剧社，一起排演抗战戏剧，在烽烟万丈、战歌震天的苏中抗战征途中成长锻炼，创作了一系列优秀文艺作品。

泰县文化界抗战工作团公开活动仅有不到一年半的时间，却把泰州城乡人民抗日救亡运动推向了一个新高潮，其骨干大部分加入中国共产党，他们用坚定的信仰、不屈的意志，充分发挥文化的凝聚力量宣传抗战。

（陆　敏）

兴化独立团

抗日战争时期，中共兴化县委在苏中区党委的领导下，在新四军一师二旅的大力支持下，立足于水乡农村，广泛发动群众，于1941年3月组建兴化县独立团。兴化独立团坚持在里下河水乡地区开展敌后游击战，多次粉碎日伪军“扫荡”和袭扰，为巩固和发展兴化抗日根据地，并最终赢得抗战全面胜利做出了重要贡献。

新四军武装开辟

1940年10月，新四军击溃进攻黄桥的国民党军，并乘胜追击围歼该军残部于营溪，攻占了海安、东台等地。10月10日，新四军二纵前锋部队与八路军五纵先头部队，在兴化白驹镇（今属东台）胜利会师。韩德勤率残部千余人向兴化溃逃，退到兴化西北部及宝应的曹甸、陈桥一带水网地区。

10月中旬，新四军苏北指挥部派出二纵四团，进驻兴化戴窑、白驹、刘庄、安丰一带，武装开辟抗日根据地，20多名新四军干部、战士组成民运工作队，走村串户，发动群众，筹建区乡基层政权。四团一营驻扎戴窑附近，三营驻扎刘庄西部、安丰以东一带。10月下旬，兴化第一个农村基层政权——兴化县戴窑区公署成立，二纵四团派出1名连长和20多名指战员到戴窑镇担任警卫工作，他们成为扩大地方武装的骨干。11月，五区、六区区公署在安丰、刘庄成立。经苏北临时行政委员会批准，组建了兴化县各区联合办事处，这是县政权的过渡形式，也是建立抗日民主政权的基础。12月，中共兴化县工委在戴窑成立。1941年1月，中共兴化县工委撤销，中共兴化县委成立，李华楷任书记。2月，兴化县抗日民主政府在各区联合办事处的基础上成立，朱廉贻任县长。

1941年2月18日，新四军讨伐叛国

投敌的李长江，并于20日攻克泰州。为了策应李长江的投降，日军调集部队对苏中区开展大规模的“扫荡”。2月20日，日军独立混成第十二旅团一部及伪军第一九七团，在飞机掩护下，水陆并进，侵占兴化城，成立伪县政府、警察局。3000多日伪军侵占兴化安丰、黄庄、新镇、刘庄、竹泓、沈坨、唐子、白驹、西鲍、大垛等镇村，构筑据点，并开展“扫荡”“清剿”。

兴化抗日军民进入异常艰苦时期，抗战形势日益严峻。为了进一步武装开辟根据地，刚刚由新四军苏北指挥部二纵改编成的新四军一师二旅，派出六团接替四团进驻兴化，从车路河一直推进到唐子、草冯、魏家庄，南部到达大垛、竹泓，北部进抵安丰、大邹，广泛开展民运工作。

地方武装成立及扩大

抗战爆发后，兴化地区活跃着5支民众抗日自卫武装。第一支是兴化圩南里下河地区的民众自卫武装，从40多人、几十支枪发展成为1个连，盛坚夫任连长。第二支是荻垛乡郜家村青年张镇组织的抗日自卫队，50人左右，活动于梓辛河一带。第三支为沈致祥在戴家舍、湖东口组织的民间武装，60多人。第四支是张铭组织的一支几十人的游击队，在大邹镇一带活动。第五支是老圩朱子丰领导的游击大队。除沈致祥、朱子丰后来当了汉奸，这5支民众抗日武装大多数官兵都走上了革命道路。

1941年3月，以新四军一师二旅六团二营特务连为基础，吸收部分民众自卫武装，并动员青年参军，兴化县独立团在兴化合塔圩成立，李华楷任政委，温凤山、彭寿生任副团长，柴荣生任参谋长，刘赤任政治处主任。独立团肩负四项任务：打击日伪，肃清土匪武装；大力发动群众，减租减息，组建各区游击连和乡基干民兵队；开展统战工作，团结地方一切抗日力量，并设法打入敌人内部，建立情报组织；掩护县委、县政府机关正常开展工作。

6月，为应对日益恶化的斗争形势，粉碎日伪军对抗日根据地的“蚕食”“扫荡”“清剿”，更好地坚持敌后游击战争，保存主力部队，新四军一师决定主力部队化整为零，实行地方化，充实地方武装。刘史明奉命率新四军二旅六团三营与兴化独立团合编，改编为苏中第二军分区兴化独立团。全团从2个营扩建成3个营和1个特务连，刘史明任团长。兴化独立团扩大后，帮助五区、三区、二区等组建游击连，各乡成立民兵基干队。

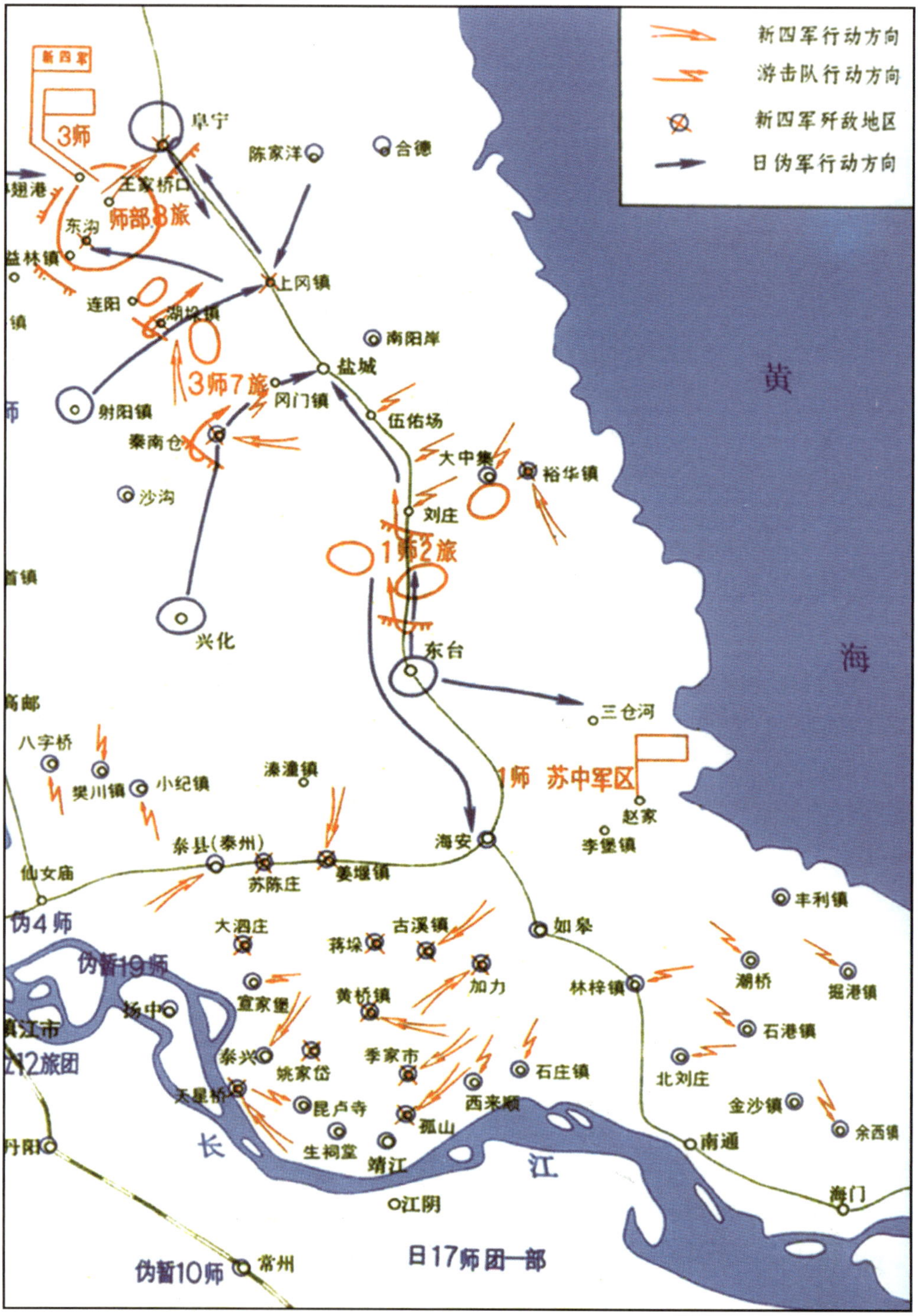

苏北、苏中反“扫荡”要图（1941年）

8月，兴化独立团一营挺进兴化、高邮、宝应交界地区，开辟抗日根据地，番号为淮宝支队，1942年春归建。1941年冬，兴化县委在全县开展扩武参军运动，通过召开农民代表大会等形式，动员1200多人参军，其中500多人充实到兴化独立团，其他人员组成兴化警卫团。1942年12月，兴化警卫团并入兴化独立团。

1943年春，国民党江苏保安第三旅解散，副旅长胥金城率3个连起义。苏中军区抽调兴化县独立团第五连、兴化县九区游击连以及其他地方部队，与胥金城起义部队共同组建苏中军区新第七纵队。3月，兴化独立团改组，刘史明任团长，张雷平接任政委，县团建制5个连。至1945年8月苏中军区发起围攻兴化城战斗时，兴化独立团已发展成3个营12个连，作战兵力逾千人。

作战能力提升

兴化独立团成立后，历经战斗考验，不断发展壮大，作战能力不断提升。

1941年6月的一天，独立团一营夜袭兴化与盐城交界的古殿堡伪军据点。该据点地处安丰、大冈、中堡、沙沟之间，三面临河，易守难攻。伪军企图长期固守，既便于抢粮派款，又可分割、封锁抗日根据地。独立团参谋房铭德化装成罱河泥的农民，出没于伪军的据点、碉堡之间，摸清敌人的火力布防。随后一营指战员在夜幕掩护下，悄悄地向据点运动，突然发起冲锋，全歼伪军2个连，

古殿堡战斗遗址（盐城市盐都区尚庄镇古殿村）

一举拔除伪据点。7月上旬，兴化日伪军参与进攻驻盐城新四军军部，分多路向盐城方向集结。驻兴化城日军约100余人，分乘6艘汽艇经安丰向白驹方向开进。兴化独立团特务大队一中队50多人，在安丰东边的葛垛营伏击敌人，为新四军军部安全撤离争取时间。因敌我兵力悬殊，一中队放过前面几艘汽艇，集中火力打击后面2艘敌艇，迫使前边的敌人回头增援营救。但等敌人返回伏击地点时，一中队已安全撤出战斗。12月19日，伪军1个营“扫荡”永丰圩内塔垛、新刘、范家庄、杨家碾等村庄，一路上烧杀抢掠。独立团二营在群众支持下，兵分两路，一路乘船由水路迂回侧击，一路从陆上发起正面进攻，把陷入

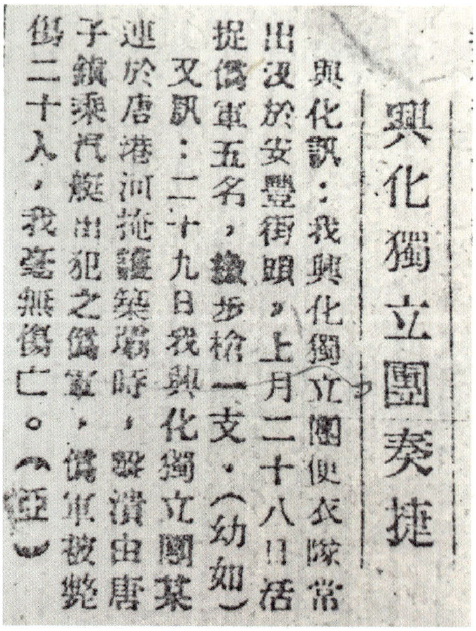

興化獨立團奏捷

興化訊：我興化獨立團便衣隊常出沒於安豐街頭，上月二十八日活捉偽軍五名，繳步槍一支。（幼如）又訊：二十九日我興化獨立團某連於唐港河掩護築碉時，擊潰由唐子鎮乘汽艇出犯之偽軍，偽軍被斃傷二十人，我毫無傷亡。（[illegible]）

《兴化独立团奏捷》（1943年8月《滨海报》）

重围的伪军打得晕头转向，迫使敌人龟缩到杨家碾与范家庄之间一个四截垛上。二营激战1天，歼灭伪军140人，缴获大量枪支弹药。

1942年秋，为配合开辟兴西抗日根据地，独立团政委张潮夫率1个营驻防苏宋垛，歼灭下乡“扫荡”的日伪军。11月初，日伪大举“扫荡”兴化地区，占领瓦韩、伍蒋庙和何家桥三庄为临时据点。独立团配合苏中主力，浴血奋战，粉碎了敌人的“扫荡”。

1943年秋，独立团三营在梓辛河伏击日军快艇。11月9日，独立团参谋长茆健群率三连在刘家沟伏击伪二十二师沈致祥部，毙、伤伪军30多人。当日下午，日伪军300余人分乘3艘汽艇驶至塔儿头，报复独立团，遭到三连有力反击，击沉敌汽艇1艘，歼日伪军33名。12月20日，茆健群率2个连配合分区特务团三连，由草冯庄飞兵奇袭兴化城南郊高家荡伪据点，击毙伪军50名，俘伪营长以下200名，并解救了数十名被抓捕关押的群众。

1944年2月2日夜，独立团一营奔袭西鲍伪军据点。午夜，一营指战员对伪军发起强攻，用手榴弹、刺刀击溃守军，毙、伤伪军40余人，俘伪电台队长以下官兵60余人。6月至7月底，独立团配合分区主力，在兴化、兴东地区对

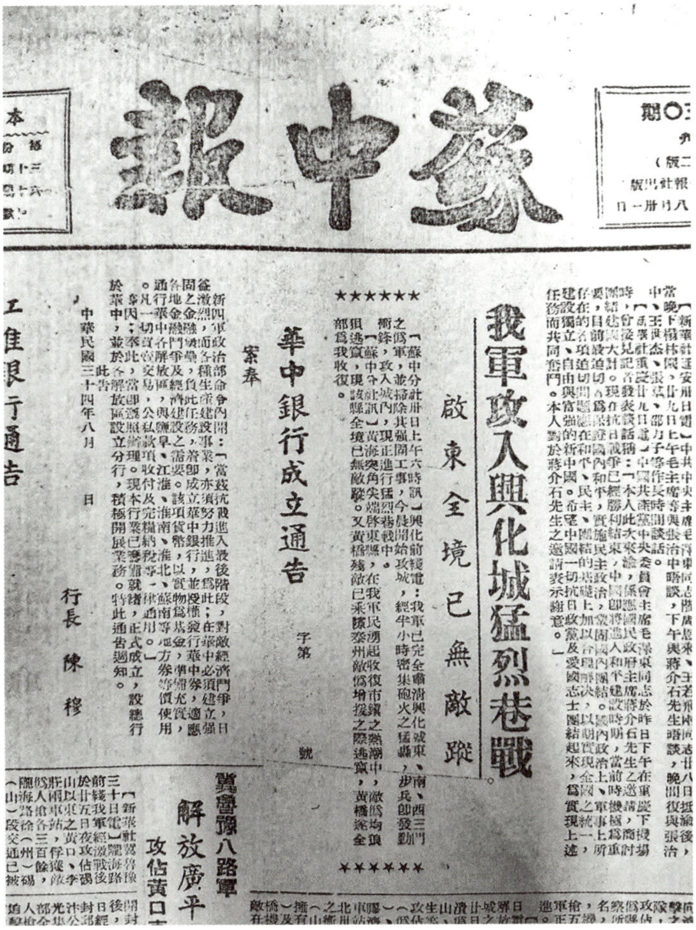
蘇中報

我軍攻入興化城猛烈巷戰

敵東全境已無敵蹤

華中銀行成立通告

冀魯豫八路軍

解放廣平

《我军攻入兴化城猛烈巷战》（1945年8月31日《苏中报》）

日伪展开强大攻势，打破了日伪对苏中二、四分区的分割和封锁，在兴东地区打破了敌人的屯垦计划，保卫了兴化抗日根据地。

1945年8月28日，苏中军区集中8个团7000余兵力，围歼兴化城内伪军二十二师刘湘图部。兴化独立团强渡上官河，迅速攻占了观音阁、大王庙，炸毁北水关上的碉堡，一举突破“北门锁钥”的城防工事，结束城外战斗。独立团挑选12名共产党员组成勇敢队，冒着枪林弹雨冲上城楼，与敌人展开肉搏，杀出一条血路，登上城楼，打开城门。随后，独立团冲进城内，与敌人展开逐巷争夺战，在北门水闸碉堡团部活捉了伪团副杨作民等近百人。

1945年9月，兴化独立团上升为新四军主力部队，改编为苏中军区第二旅第四团。后历经多次改编，新中国成立后转隶改建为空军某团。

（陈　莉　徐圣明）

兴化改造地形抗击日寇

抗战时期，兴化抗日军民充分利用河网地形，因地制宜、扬长避短，创造性地开展改造地形运动，逐渐改变了里下河地区“不利于我而利于敌”的被动态势，将不利地形改造成攻防一体的战斗屏障，使纵横交错的河湖沟荡变成杀敌的好战场。

逼出来的办法

日伪军占据兴化后，经常利用速度快、火力强的钢质快艇，在四通八达的河湖港汊中肆无忌惮地横冲直撞，长驱直入突袭抗日根据地，“扫荡”抢粮，烧毁村庄，残杀抗日军民，兴化抗日军民蒙受重大损失和牺牲。

1941年2月20日，日军乘4艘汽艇，突然袭击驻扎在唐子镇附近的中共兴化县委、县抗日民主政府机关和新四军一师二旅六团团部。毫无防范的六团遭受重大损失，抗日民主政府县长朱廉贻在紧急转移中牺牲。

1942年冬，日伪军乘汽艇窜犯老圩区，实施3天的“清剿”，兴化县独立团团长刘史明率3个营在安丰镇北阻击来敌。另一路日伪军500多人偷袭留守老圩彭家庄的六团团部，区游击队120多名民兵与日伪军拼刺刀，无一生还。团部卫生队及伤病员在转移时被河流所阻，警卫排只得背水而战，被俘、溺亡多人。

面对一次次血淋淋的惨痛教训，兴化县委、县政府和县独立团领导及时总结对敌斗争的经验教训，研究对敌斗争策略。为了改变日伪汽艇突袭所造成的防不着、挡不住、跑不及的被动挨打局面，针对兴化全县拥有90万亩的广阔水面，圩外地区非船不行、圩内地区无桥难越的地理特点，兴化县委、县政府决定在“水”字上大做文章，对河、沟、圩、路、桥进行改造。他们从老百姓打坝拦洪的做法中得到启示，拦河打坝筑堤，既可以阻挡日军汽艇，又能为根据地军民打击日伪军创造条件，迅速掀起一场大规模的改造地形运动。

改造地形运动最主要的做法是拦河打坝，重点构筑封锁坝与交通坝。封锁坝多打在外河，以泥土为主，打入木桩，混合碎砖乱瓦，打成15至20米宽的大坝，坝体坚固，难以炸毁，日伪的汽艇冲不垮、闯不过，能够削弱或消除日伪军汽艇的速度优势，迟缓或阻碍其军事行动。交通坝多打在中小河道，宽几尺至丈余，坝留月牙形口子，以便水流畅通和小船通过。上面铺上树桩、木板就成了交通桥，既能阻挡日伪汽艇，又便于根据地军民的军事进攻和快速转移。兴化的交通坝在县、区、乡的圩、田之间联成几条线，在全县范围内织成了一个完整而相对安全的交通网络。有的坝兼具封锁坝和交通坝的作用。

另外还打一种软坝，由水草、稻麦秸秆、破旧渔网、树木树枝、绳索等材料捆扎而成，浮于水面，能够绞缠敌人汽艇的螺旋桨。软坝取材方便，建造速度快，但不坚固，一般搭建于日伪军据点附近的外河道，以封锁功能为主。

干出来的成效

兴化最早的打坝运动是从1942年老圩区打封锁坝开始。几个月时间，仅

交通坝

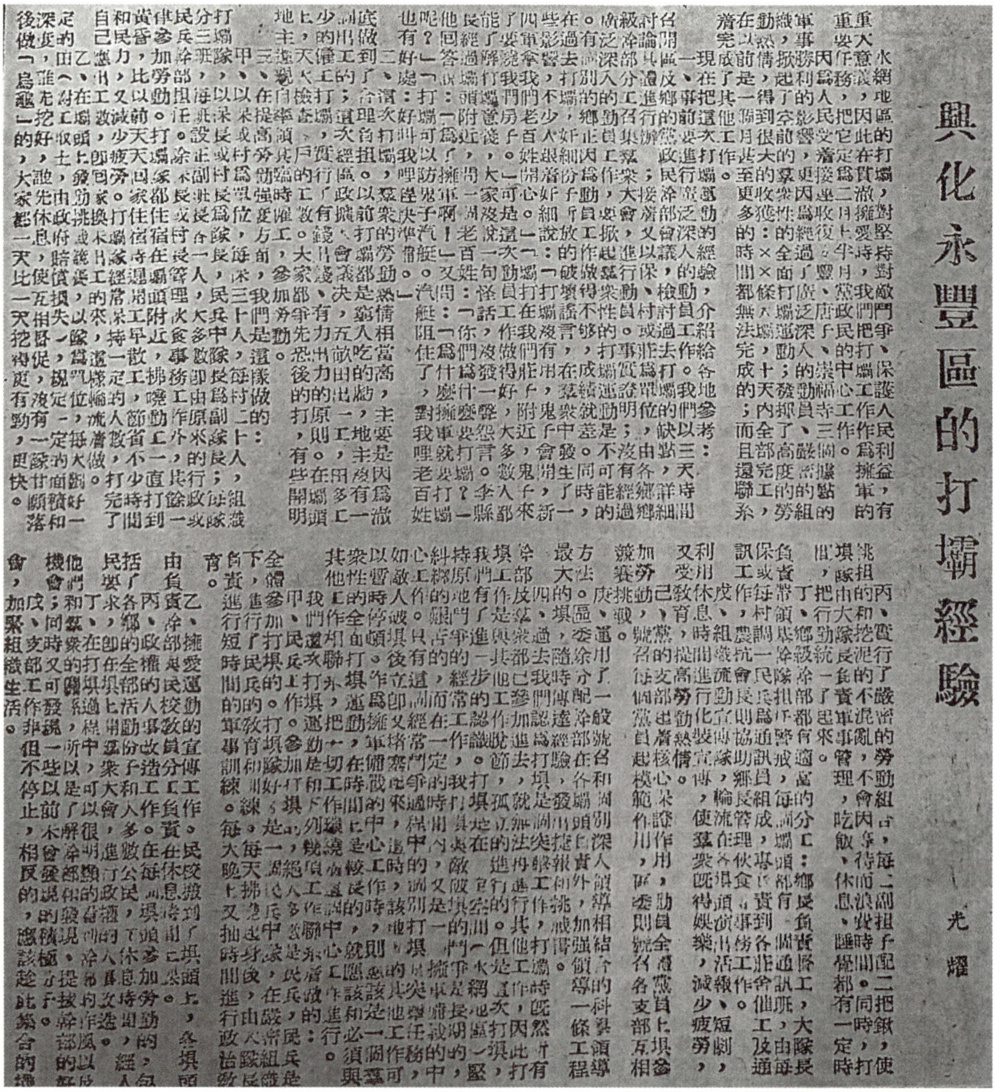

興化永豐區的打壩經驗

光耀

《兴化永丰区的打坝经验》（1944年5月17日《苏中报》）

永丰、老圩、海河、合塔就动用民工近5万人次，打了31座坝。同时将打坝与拆桥、破路、筑堤相结合，改造地形地貌，开展有水乡特色的游击战，这个做法迅速在全县抗日根据地推广。

1943年下半年至1944年春，兴化掀起群众性打坝运动高潮。广大群众在“打坝保家乡，路通好打仗，拥军先打坝，军民是一家”口号鼓舞下，纷纷参加打坝，从圩内到圩外，由北到南，打坝运动遍及兴盐河、海沟河、白涂河、车路河、横泾河、梓辛河、蚌蜒河、卤汀河等大小河道。1944年4月《兴化县冬季工作报告》统计：1943年9月至1944

年2月，仅老圩、水合、草冯、海河4个区投入民工58万人次，完成封锁坝79条、交通坝412条，其中蜿蜒80多华里的兴盐河上打了6条封锁坝，百里海沟河上打了5条封锁坝，白涂河和车路河上各打了5条和3条封锁坝。到抗战胜利前夕，兴化县累计打封锁坝1773条。兴化县委宣传部长郑光耀总结永丰区的打坝经验，在苏中二分区推广。

改造地形运动还发展到破路、筑堤、拆桥、建桥等。破路（包括破圩）把改造地形运动从水上引伸到陆地，以阻断敌人陆路交通、补给。通榆公路是兴化最东部的一条陆路交通干线，民兵在合塔区公路段，每隔一华里就在公路上开挖一个两三间屋基大小的坑口，使日伪军汽车无法通行，阻断日伪的交通、补给，从而拖延其行动时间。筑堤是在田野草荡或芦苇深处修筑横穿草荡的长堤，作为群众疏散、转移之用，也可兼作部队传警、行军的便道。1943年春，曾遭日伪军3次洗劫的草冯庄，修筑起一条从庄北至王子舍草荡长达3里的长坝，避免了再度遭敌洗劫。拆桥则可以根据不同需要，既可阻敌进犯，又可断其退路，用时临时搭桥，用后即拆，完全掌握主动。1943年冬的一天晚上，驻安丰伪军100多人偷袭东张村、西张村，企图袭击区委机关。获悉情报后，区委组织区队和民兵队拆桥断路，围困敌人。天亮后，采取“麻雀”战术，袭扰敌人。伪军被击毙10多人后，只得仓皇渡河逃跑，又淹死、冻死10多人。

打出来的威风

对水网天然地形的改造是兴化抗日军民坚持敌后游击战避敌锋芒、击敌软肋的一大战术创举，继而在苏中地区推广，在反“扫荡”、反“清剿”斗争中显示出巨大威力。

改造后的地形有效阻滞了敌人的水上行动，成了日伪军难以迅速逾越的巨大障碍。1942年，新四军老二团一举攻克大李庄，全歼伪军1个连。由于时堡附近筑起一条大坝，兴化城的日伪军始终未能赶往增援。1943年6月，日伪军50多人乘汽艇，携带轻重武器，长途奔袭老圩区中心地带瓦韩庄。当汽艇行驶到钟家营老口子时，被一道用泥土、砖瓦、破船、石滚、草包等层层叠垒夯实的硬质封锁坝所阻，敌人用了5个多小时才挖开口子，此时瓦韩庄的干部群众早已转移。

改造后的地形成为杀敌的好战场，为牵制、歼灭日伪创造了难得的条件。1943年10月7日，东台日伪军乘汽艇增援草堰、戴窑等据点的伪军，企图围剿驻合塔区凌葛庄的兴化县委、县政府机关。当时县委正在开会，在日伪军逼近的情况下，警卫连和民兵一面撤去敌人来路上的桥梁，控制、隐藏船只，一面部署迎击来犯之敌。9艘汽艇被用树木、稻草加铅丝捆扎而成藏在水下的软暗坝缠住螺旋桨，动弹不得。日伪军无计可施，岸上的警卫连和民兵对艇上的日伪军进行猛烈攻击，县级机关和与会人员穿越苏太庙附近的一条交通坝，向永丰圩从容转移，未受到任何损失。1944年春，驻刘庄日伪军经白驹镇突袭驻扎在永丰区葛垛营的兴化县独立团。团部闻讯后，将一只破旧大船装载泥土沉入已经打开缺口放水的一条封锁坝上，日军全然不知，开足马力，贸然闯坝，汽艇一下子搁浅在破船和坝根上，进退不得。县独立团在永丰、老圩区游击队的配合下，打得日伪军四处逃遁。

实践证明，改造地形运动是水网地区对敌斗争从不利到有利、从被动应战到主动作战的一个重要转折，是陷日伪军于人民战争汪洋大海之中的关键一招，是打好人民战争克敌制胜的一个法宝。改造地形运动有效地保证了兴化抗日民主根据地的巩固和发展，在兴化人民英勇抗战的史册上留下了光辉的一页。

（朱存安）

梓辛河伏击战

2018年5月，王魁荣赶至兴化，踏访其父王挺参加过的梓辛河伏击战遗址，并向兴化市党史方志办公室捐赠了王挺珍藏的一幅手绘作战地图。1941年新四军发动梓辛河伏击战，王挺任新四军二旅六团三营八连连长，这幅地图是他的营长赵云鹤为梓辛河伏击战而绘制。

二旅六团前身为江抗二团，由苏南东路地区的抗日游击队组建而成。1941年3月，以二旅六团二营特务连为基础，吸收部分民众自卫武装并动员青年参

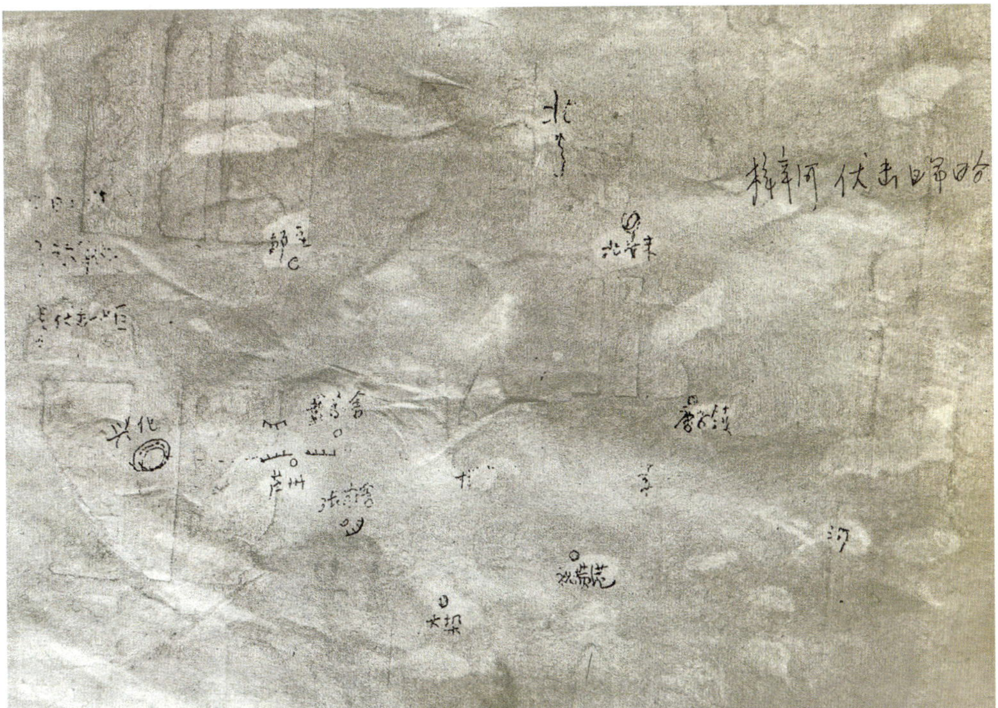

梓辛河伏击战手绘作战图

梓辛河伏击战遗址

梓辛河伏击战遗址

军，兴化县独立团在兴化合塔圩成立。独立团克服饷款不足、弹药短缺等困难，不断深入敌后，灭日寇、斗顽敌，缴获武器武装自己，战斗力逐步提升。

二旅六团广泛开展敌后游击战，以“多打小胜仗、活捉日本鬼子”来打击日军的嚣张气焰。为配合“捉鬼子”，兴化县独立团在梓辛河畔垛岸间的芦苇丛中袭扰敌人。梓辛河，相传为明永乐六年（1408）人工挑成的一条疏水河道，西起兴化芦州，东至东台西海道口，全长40.2公里。梓辛河南接南荡，北通得胜湖，田垛星罗棋布，港汊纵横曲折，水道四通八达，是伏击敌人的天然“八卦阵”。独立团经常设伏袭扰敌人，逐步摸清驻兴化日军指挥官到东台参加军事会议所乘汽艇的往返规律。

5月11日上午，二旅六团三营获悉情报：驻兴化城的日军在参加完东台军事会议后，将会乘汽艇沿梓辛河返回。三营营长赵云鹤决定将伏击地选在河沟纵横、垛田棋布、群众基础较好的梓辛河芦州地区。地方党组织动员几十条船和四五十个船工予以配合。

5月12日凌晨，三营营长赵云鹤、八连连长王挺率部赶到车路河畔的陈宽庄。八连和县大队的100多名战士利用夜色掩护，以车路河中的大箩筐垛子为伏击演习点，进行战斗演练。为确保首战告捷，5月14日夜，赵云鹤、王挺等又一起勘察戴家舍至芦州之间的梓辛河段地形，制定作战方案，确定具体部署和主要打法，并绘制了一份简易的作战图。

根据日军汽艇活动规律及侦察情况，5月15日是参加东台军事会议的兴化城日军返回兴化的时间。拂晓时分，伏击部队全部进入阵地。县大队60多人埋伏于河北刘家圩子麦田中，负责北面的狙击任务，其余10多名战士在圩子西侧的垛沟中担任警戒。八连埋伏于河南，二排分乘6条小快船埋伏在河南高家垛子的垛沟中，负责南面狙击及水上围歼主力，一排在西边警戒芦州、高家荡方向，三排在东边警戒竹泓、大垛方向，同时狙击可能逃离主伏击圈的敌艇。

战士们全神贯注地注视着河面，尤其关注东台方向来的汽艇。根据日军汽艇活动规律，敌艇应为上午10时左右进入伏击圈，可一直等到12时多，还没见到敌艇。有的指战员认为可能暴露目标，或者敌人有什么特殊情况不会来，建议撤出战斗。赵云鹤召集指战员们商议，分析了撤离的后果：如果这次伏击不到敌人，只要部队一撤离，意图就会暴露，今后将很难有同样的伏击机会。赵云鹤命令继续坚守，并加强侦察警戒。

战士们顾不上疲劳、饥饿，仍静静地坚守在阵地上。13时20分左右，东边传来隐隐约约的马达声，战士们的情绪一下子紧张起来，迅速进入战斗状态。不一会儿，一艘插有日本军旗的巡逻艇全速驶来。当敌艇距伏击点约100米时，王挺命令机枪班和特等射手瞄准敌艇开火。敌艇遭到突然袭击，仓促迎战，一面还击，一面开足马力企图强行冲过火力封锁区。敌艇驾驶员被击中头部顷刻毙命，失去控制的敌艇在河中颠簸摇摆，歪歪斜斜地冲向北岸。八连和独立团所有火力对准敌艇一阵狂扫，把一捆捆手榴弹掷向敌艇，炸开了机器舱内的油箱。敌艇顿时燃起熊熊大火，慢慢下沉。赵云鹤命令战士们活捉“鬼子”。八连的战士从东南面沿小河穿越梓辛河，朝河北岸冲去。县独立团也从北边田垛里包抄上来，三五个人围捉一个日军。有2个负伤的日本士兵拒不投降，被三营战士俘虏，并用绑带捆得结结实实。有的负隅顽抗，被当场击毙。

梓辛河伏击战历时1个多小时，共击毙日军26名，活捉2名。梓辛河伏击战是新四军主力进驻兴化后第一次与日军交战，六团驻防兴化首战告捷，受到旅部的嘉奖，三营被授予“捉鬼子第一”的奖旗，八连连长王挺代表三营全体指战员受旗。此战沉重地打击了日寇的嚣张气焰，鼓舞了兴化军民的抗日士气，振奋了兴化军民抗战必胜的信心。该战例被载入《二十四军军史》《粟裕回忆录》及地方革命斗争史等史料中。

为纪念这场战斗，在梓辛河西端的林湖乡戴家舍村平家舍管区的河段设立梓辛河伏击战遗址。

（朱存安）

无名英烈血洒八角亭

靖江市西来镇烈士陵园（渔花塘烈士陵园）立有一座烈士纪念碑，是为纪念八角亭阻击战中牺牲的8位新四军战士而建，碑体为白色墙砖铺贴，上面镌刻“革命烈士永垂不朽”。8位英烈长眠碑下，没有人知道他们的姓名，也无人知道他们的家乡，只知道他们是新四军老一团七连的指战员，其中一位排长姓张。

新四军东进黄桥后，苏中抗日根据地逐步建立起来，如皋、泰兴、靖江地区以如黄公路为界，公路以北是根据地，公路以南是游击区。西来镇位于靖江、如皋交界处，是靖江东乡较大的集镇，距如黄公路不足10公里，地理位置十分重要。随着新四军在苏中实力的增强和根据地的不断开辟，日伪军对新四军的军事进攻进入空前残酷的时期。1941年，日军大举“扫荡”苏中抗日根据地，日伪军在靖江沿公路线筑据点、修碉堡，切断靖江西部、中部与东部的联系，靖江抗日军民同日伪展开了争夺根据地的艰苦斗争。1941年12月太平洋战争爆发后，日军战线拉长，兵力、物力需求骤增，日军更多地收编和利用伪军，采用“以战养战”“以华治华”的政策，加紧对中国抗日根据地的“扫荡”与掠夺。在苏中地区，日军独立混成第十二旅团和2万多伪军向根据地军民接连不断地发起“扫荡”和“清剿”，平均每周进行一次四五百人的小“扫荡”，每半月进行一次千人以上的大“扫荡”，苏中抗日根据地几乎处处是前线，到处在打仗。

1942年春，伪军冯绍良残部流窜到靖江西来冒家市，伙同一股日军，强占东市汤俊生家及附近几家民房，并在四周挖壕沟、建碉堡，构筑西来伪据点，驻扎伪军一个400余人的加强营。伪军依仗重兵和周边新港、土桥、张黄港、石庄、季市等据点的援军，烧杀抢掠，无恶不作。

由于日、伪、顽相互勾结，敌我力量

悬殊，根据地斗争十分艰苦。根据斗争形势，新四军一师、苏中区党委和苏中军区确定军事斗争的指导思想：保持有生力量，熬过困难时期，不过分刺激敌人，但也不轻易放弃阵地，特别是中心地区的战略基点，不放松在有利条件下与敌作战，歼灭敌人。苏中军民采用分散游击与敌纠缠的方针，运用麻雀战、阻击战等战术，不断袭扰杀伤敌人。7月，日伪将"扫荡"重点转移到苏中三分区。为了打击日伪，开辟靖东，建立比较巩固的抗日民主根据地，苏中军区第三军分区决定拔除靖江西来伪据点。

7月19日晚，新四军一师一旅组织一团、二团各一部，向冒家市伪军据点发起进攻。一团七连扼守八角亭（今渔花塘）与董家圩（界河河弯处的一个埭，今渔花塘烈士陵园以东的常乐村）之间的一座桥梁，阻击从张黄港沿如（皋）靖（江）公路前来增援的日伪军。

战斗打响后，日伪军依靠碉堡，居高临下，负隅顽抗，机关枪不断疯狂扫射，新四军几次冲锋均未奏效。团部命令担任打援任务的七连回师增援，仅留七连一位张姓排长率领三班8位战士坚守原地，警戒敌军增援。破晓时分，新四军各参战部队向据点发起全面攻击，并将一门迫击炮拉到七圩埭西头加强火力。迫击炮第一炮就将敌碉堡炸掉一角，第二炮直接命中碉堡中心，随即新四军从东、北两面发起冲锋。激战不到1小时，攻下伪据点，围歼日伪军40多人，残敌沿街向西窜逃。

石庄、张黄港方向的日伪军接到这

靖江市西来镇新八队建乐桥（原八角亭桥）

一消息后倾巢而出，沿靖如界河奔袭而来，土桥、季市等据点的日伪军也出动增援，情况万分危急。指挥员决定立即撤出战斗，由据守八角亭桥南的张排长带领三班继续阻击增援之敌，保证主力部队安全撤离。

石庄、张黄港前来增援的100多日伪军大部分已通过桥梁，沿界河南岸公路向西急进。面对数倍于己的敌人，9位勇士毫无惧色，沉着应战。他们利用桥南乱坟场里高大的坟包作掩护，用机枪封锁路面、河面，打退了敌人一次又一次的进攻，7名战士先后英勇牺牲，只剩下张排长和1名战士。

为了保存革命有生力量，张排长命令战士带着仅存的1挺机枪立即撤出阵地，迅速归队。他则孤身一人坚守阵地，掩护战友撤退，战至弹尽，身负重伤。敌人蜂拥至阵地前，嚎叫着抓活的，张排长誓死不做俘虏，用刺刀拼掉2个伪军，跃入敌群，拉响最后一颗手榴弹，壮烈牺牲。

当地群众将8位英雄的遗骸就地掩埋，合葬一起，并为他们修建了烈士墓。1956年，在此基础上建成西来镇革命烈士陵园。此后，陵园多次重修、扩建。8位烈士虽然没有留下英名，但他们的功绩将永远铭记在人民的心中，他们的精神将永远地传承下去。

靖江市西来镇渔花塘烈士纪念碑

（陆雪梅）

泰县僧抗队

泰州市姜堰区俞垛镇仓场村的祖师庙为泰州市市级文保单位，据传此地为西汉吴王刘濞所建海陵仓旧址。祖师庙属于元末明初的建筑风格，黛瓦灰墙，外墙上挂有一块铜牌，写着“苏中里下河叶甸区僧抗队旧址”。抗战时期，一群青年僧侣脱下袈裟着短打，放下木鱼拿起枪，以仓场祖师庙为阵地，组建起一支抗战神兵——僧抗队，在水网地区演绎了一场侠气如虹、保家卫国的悲壮传奇。

1943年春，镇江句容弥陀寺和尚法启（化名刚军）受中共党组织委派，到泰县叶甸区野里沟法华庵（今属兴化），以主持身份开展革命工作。刚军广泛接触僧人，宣传抗日卫国保寺的道理，鼓励僧人团结起来，组建一支抗日武装抵御外敌。

1944年10月中旬，经中共叶甸区委批准，刚军和僧人巨川发动20多名僧人，以做佛事之名在墩头庙集会，成立叶甸区僧抗会，周边寺庙的僧人踊跃参加。随后，叶甸区僧抗大队成立，驻仓场祖师庙，刚军任大队长。巨川任副大队长，叶甸区委选派盛必成任大队指导员。“和尚出家没出国，四大皆空怎空得了……抗日救亡就是普渡众生、弘扬佛法。”巨川说出这样一番热血之词。

僧抗队成立后，短时间内便发展到百余人。为了补充武器装备，扩大队伍，刚军发动僧人捐献资金，购买枪支弹药，动员青壮年僧人参加僧抗队。巨川拿出个人积蓄购买了2支短枪和100多发子弹，西浒垛吉祥庵住持普照售卖庵产，购买2支长枪赠送僧抗大队……这些消息传出后，各寺庙的僧人纷纷捐资购买枪支弹药。中共叶甸区委给僧抗队补充一些武器弹药，并训练队员游泳、行船、射击、投弹等军事技能。

僧抗队队员装扮成渔民、商贩、菜农，巧妙开展抗敌斗争，被叶甸周边百

泰州市姜堰区俞垛镇仓场祖师庙

姓称为“百变神僧”。第一战是配合游击连攻打花庄日伪据点。1944年12月下旬，巨川与队员悟知化装成渔民，边行船、边打鱼，驾船行至花庄。岗哨伪军命令靠岸检查，那哨兵见鱼篓内尽是活蹦乱跳的鲫鱼，弯腰提篓捉鱼。巨川猛然拔出手枪对准哨兵，悟知一把夺过哨兵长枪，并将他捆绑起来。事先隐蔽在周边的队员纷纷聚拢过来，巨川率队员冲向据点大门，将巡岗伪班长击毙。敌人见势不妙，丢下10多具尸体仓皇逃遁，据点被攻下。首战即胜，僧抗队声名大振。

僧抗队还充分利用里下河水网优势伏击日伪军。1945年4月3日，中共溱潼县委获悉，盘踞溱潼的伪军要派1个营到溱北区“扫荡”，县委指示僧抗队予以阻击。伪军配有4艘汽艇、2具掷弹筒和10多挺机枪，敌我兵力悬殊。刚军、巨川等连夜赶至裴马乡紧急谋划、通宵备战，组织僧抗队员和民兵50多人在伪军必经的河道两侧挖沟渠，并在河道里钉暗桩、拉铁丝、撒稻草。第二天清晨，伪军汽艇刚进入伏击河道，就如癞蛤蟆陷入了污泥塘，动弹不得。僧抗队队员立即从河道两侧围攻汽艇，加上民兵鸣枪策应，伪军拼命后撤逃命。溱潼县独立团赶到参战，追截敌人。此次伏击战击毙敌人30多人，俘虏100多人，缴获汽艇1艘、长短枪百余支。同年夏，僧抗队采用同样手法在三里港与花庄间河道设伏，配合游击连再次击溃伪军，活捉1名伪军队长，缴获伪军汽艇1艘。

僧抗队的战斗力越来越强、战绩越来越多。1945年夏，僧抗队获悉，周庄据点的日伪军将到西坂坨“扫荡”，于是提前做好埋伏。载有150多名伪军的10条木船刚进入伏击地段，埋伏在两岸的队员立即开枪，10多个伪军顷刻丧命。一艘载有30多名日伪军的汽艇赶来增援，巨川率领大部队员匍匐前进，接近日寇汽艇，掷出手榴弹，当即炸死几人，日伪军随即逃跑。僧抗队缴获步枪8支、子弹千余发。

8月18日，僧抗队配合叶甸区游击连攻打周庄据点。巨川等人率先攻入据点东门，控制敌人2个岗哨，队员们随后一拥而上，俘敌12人，缴机枪1挺、步枪13支，解放了周庄镇。9月的一天，巨川与悟知化装成菜农去港口镇卖菜，抓获买菜的伪军司务长，获得港口据点的伪军部署和火力情报。游击连和僧抗队联合作战，顺利收复港口镇。

僧抗队作为党组织领导下的抗日武装，累计单独战斗或配合战斗30多次。到1945年底，僧抗队这支“佛门神兵”仍一直活跃在广袤的里下河水乡地区。

僧抗大队后来被整编，部分队员成为中共溱潼县独立团一连的战士，部分人调整到地方工作。大队长刚军回到镇江金山寺继续为僧，并从事党的工作。副大队长巨川调任中共溱潼县武工队排长，队员悟知继续跟随巨川，两人均在后续战斗中牺牲。

国难当头之际，僧抗大队积极投身抗日救国的滚滚洪流，谱写了一曲慷慨激昂的抗日壮歌。至今仍留有传唱：“僧抗队，和尚兵，一个个，如天兵，菩萨保佑打胜仗，神出鬼没是神兵。和尚兵，赛天兵，有菩萨，保佑兵。脱了袈裟穿短打，脱下僧鞋穿麻鞋，丢下木鱼拿起枪，暂不诵经喊抗日，长枪短枪都能使，水上岸上都能行。”危难时刻，胸怀民族大义的僧人成为浴血奋战的英雄。

（耿　维）

南街当铺红色风云录

泰州市姜堰区有一座古色古香的建筑群——南街当铺，这座建于清代晚期的建筑历经沧桑，见证了姜堰进步读书会的抗战宣传，见证了中共姜堰区委的成立发展，见证了新四军的团结抗战。

进步读书会

1937年南街当铺停业，被姜堰钱桂梁购买居住。抗日战争全面爆发后，北平高校南迁，钱桂梁之孙、燕京大学学生钱振生辗转回家。在校期间，钱振生接受革命思想的熏陶，回乡后他慷慨激昂，宣传抗日救亡，表露挽救民族心声。姜堰一些立志抗日救国的进步青年李嘉宾、吴时夏、刘士凤等，经常聚集在南街当铺钱振生家中，讨论抗日战局，探讨发展出路。为了方便聚会，躲避国民党当局的审查，他们就以读书为名聚会，成立"读书会"组织。

经过一两个月的宣传发动，加入读书会的青年越来越多，读书会成员发展到20多人。他们准备团结一批进步青年，赴陕北延安参加抗战。吴时夏的表哥戴夫是共产党员，加入山西省牺牲救国同盟会（简称"牺盟会"），担任山西省长治县县长。大家希望通过戴夫牵线搭桥找到党组织，并解决去延安的路费。由于华北国民党军队的节节败退，日军占领大片国土，前往延安路途遥远，沿途封锁严密，大家最后只得放弃，继续寻找党组织。

1939年2月，中共泰县工委成立，不断发展党员，建立党的基层组织。9月，中共泰县工委撤销，中共泰县县委成立，陈扬任县委书记。县委继续巩固和发展党的组织，读书会进步青年成为党组织积极发展的对象。1939年秋，中共泰县县委派县委委员李健（化名李玉琴），在姜堰读书会青年中发展党员。李健公开身份是驻姜堰国民党第二常备中队第一分队分队长，常驻桥头乡。12月，李健经过国民党第二常备中队中队长陈坤的介绍，与读书会建立联系，并与钱振生等人多次交谈。李健介绍钱振生、吴时夏加入中国共产党。

1940年1月，中共泰县县委组织部长邵泽甫来到姜堰，与读书会主要成员见面交谈，宣读县委决定，同意李嘉宾入党，并要求吴时夏、李嘉宾迅速发展党员，建立党组织。1940年1月至6月，读书会成员刘士凤、刘士麟、周栋、于农等10多人先后被发展入党。

在党的领导下，读书会成员秘密开展抗日救亡宣传。夜深人静时，分段负责把传单塞进居民家门缝内或张贴在大街上。群众相互议论，“新四军夜里到镇上散传单”“共产党新四军是坚决抗日的”。

南街当铺

中共姜堰区委

1940年3月，邵泽甫再次来到姜堰，代表中共泰县县委宣布成立中共泰县姜堰区委，李嘉宾任区委书记，黄寿安（后改名陆荫）任组织科长、吴时夏任宣传科长。区委下属9个党支部，即乾恒泰百货商店支部、姜堰区委支部、春甡钱店支部、荣汉中学（今江苏省姜堰中学）支部、下坝石桥口理发店支部、下坝粮行支部、下坝四临中支部、桥头支部、张尤庄支部。9个支部中，荣汉中学支部与四临中支部为学生支部。钱振生因父亲钱锡嘏担任国民党西桥镇长，未编入支部，与区委单线联系。

1940年春，国民党江苏省保安九旅张少华部盘踞姜堰，导致粮价飞涨，4月份米价从每石7元5角（法币）涨到13元以上，粮商囤积居奇，老百姓怨声载道。邵泽甫与姜堰区委研究决定：发动饥民，于4月17日进行扒门抢米行动，以下坝理发店支部、下坝粮行支部的党员作为斗争主力，并注意发现和培养积极分子。在姜堰区委组织下，抢米斗争日益高涨，粮商预感形势严重，主动让步，由厚生米厂出面贴出公告，指定几家米厂平粜供应，计口定量售粮，每人每天供应大米一斤，米价每石10元，到新麦登场为止。鉴于粮商主动让步同意售粮，姜堰区委决定暂停抢粮行动。

新四军三纵司令部

1940年9月，新四军打垮江苏保安第九旅张少华部。新四军苏北指挥部进驻姜堰，驻潘亿泰猪行（管文蔚回忆新四军苏北指挥部驻丁家巷猪业公会），政治部驻弘戒坛，第一纵队一团驻官庄，战地服务团驻三学庵。第三纵队驻姜堰镇，纵队司令部设在南街当铺。新四军驻四区临时办事处成立，钱振生任主任。

中共姜堰区委抽调8人，全力配合新四军战地服务团做好群众工作，吴时夏任姜堰区青抗会主任兼姜堰区抗敌后援会副主任，刘士麟、单斌分别任姜堰区学抗会主任、副主任兼宣传队长、副队长，毛万智任姜堰区学抗会副主任兼姜堰区基干民兵营副营长，宗国任姜堰镇工抗会主任兼宣传队副队长，周圣甫、李嘉禄任工抗会副主任，陶圣达任姜堰区工抗会会长兼姜堰区基干民兵营副营长。

1940年9月中旬，中共苏北区委成立。新四军进驻姜堰后，苏北区党委派工作组进驻南当铺，泰县县委书记陈扬任组长，成员包括泰县县委妇女部长孙顾、二纵民运科长李珊、区党委青年干部戴为然等，主要负责群众工作，交

新四军苏北指挥部第三纵队指挥部旧址（姜堰南当铺）

换情报。

中共姜堰区委积极配合新四军开展抗日宣传教育，在广大群众中特别是在青年中产生很大的影响。9月底，新四军撤离姜堰时，不少青年参加新四军，吴时夏、刘士麟、黄寿安奉调黄桥苏北区党委党训班学习。

1941年2月，李长江率部在泰州城公开投降汪伪，姜堰镇沦落敌手，中共姜堰区委活动转入地下。单斌与丁翔雯、王年、钱振生等人组成工作队去姜北区开展工作，与单筱逸一起筹建姜北革命武装。2月底，单斌和丁翔雯一起调回姜堰镇，组建工人、青年协会，筹建第一届抗日民主政府，成立姜堰区公所，区公所设在单斌家。抗日民主政府建立不久，党组织决定成立姜堰区抗日游击中队，田元寿为中队长，单斌为政治指导员。年底，中共姜堰区委分出部分党员开展秘密工作，以读书会为掩护，开展群众工作，同时广泛开展社会调查，了解伪军动态，随时向上级报告敌军调动情况。

新中国成立后，中共泰县县委、县政府等党政军机关一度进驻南街当铺办公，泰县公安局、检察院、法院在此办公至20世纪70年代。随着姜堰城市建设的发展，潘亿泰猪行、弘戒坛、三学庵等曾留下新四军足迹的地方已经拆迁，仅南当铺仍保留至今。

（蒋跃华　经顺祥）

一条珍贵的毛毯

新四军黄桥战役纪念馆收藏着一条旧毛毯，表面有些泛黄，绲边有些破损，还有3个醒目的大补丁，这是新四军在黄桥战役期间牺牲的最高级别指挥员徐绪奎的遗物，由开国中将王必成的家人捐给黄桥战役纪念馆。一条普通的毛毯见证了一位新四军指挥员以身报国的壮烈情怀，更寄托了一位开国中将对战友的深切思念。

徐绪奎1915年出生于湖北黄安县（今湖北红安县）。土地革命时期，红安是黄麻起义的策源地，诞生了红四方面军、红二十五军、红二十八军3支红军主力，无数革命战士从这里走向全国的战场，徐绪奎就是其中一员。1927年，红安爆发著名的黄麻起义，徐绪奎耳闻目

新四军黄桥战役纪念馆收藏的毛毯

睹了这次革命起义。1931年，深受革命思想熏陶的徐绪奎参加中国工农红军，1934年加入中国共产党，后参加长征，进入延安抗日军政大学，不久调入新四军工作。

徐绪奎

1938年冬，徐绪奎任江南抗日义勇军第三游击司令部参谋长，后任江南抗日义勇军二团团长，率部转战江南各地。1940年6月，徐绪奎率二团渡江北上，增援郭村战斗。7月，新四军在江都塘头整编，二团被编入新四军苏北指挥部第二纵队，王必成任司令员，徐绪奎担任第九团团长。7月25日，苏北指挥部3个纵队从郭村、塘头出发，东进黄桥。徐绪奎率部参加攻打驻黄桥的省保安第四旅何克谦部。29日，新四军进驻黄桥。8月10日，徐绪奎率部轻装奔袭，成功拔除盘踞靖江东北孤山、西来两地的日伪据点，歼灭日伪军100多人，缴获一批武器弹药和一条毛毯。战后，徐绪奎留下这条作为战利品的毛毯，且十分珍惜。

新四军东进抗日，反共顽固派韩德勤却将新四军视为心腹大患，惧怕新四军在抗日过程中发展壮大，一门心思要消灭苏北新四军，或者把苏北新四军驱逐回江南。8月31日，韩德勤集结大量兵力，将李明扬部、陈泰运部及保安第三旅编成右路军，集结于姜堰；将第一一七师、独立第六旅、保安第一旅编为左路军，集结于曲塘、胡集、海安一线。韩德勤要求“各部向分界、黄桥附近地区攻击前进”，命令左、右两路军分兵进发，合围进攻驻扎在泰兴黄桥的新四军苏北指挥部。9月5日，保安第一旅进占营溪。9月6日，新四军苏北指挥部第九团、第六团奋起反击，击溃顽保安第一旅2个团，彻底粉碎了韩德勤军对黄桥新四军的第一次正面进攻。

战斗中，徐绪奎指挥第九团正面迎击保安第一旅。他将全团主要火力调集前沿阵地，自己架起一挺重机枪向顽军阵地猛射，压制对方火力。保安第一旅溃不成军，徐绪奎果断下达进攻命令，身先士卒端着枪冲向顽军指挥所。徐绪奎被一颗流弹打中，当场壮烈牺牲，生命定格了在25岁。由于战时情况紧急，九团参谋长刘史明在当地群众的帮助下，将徐绪奎等18名烈士集中掩埋在与营溪一河之隔的泰兴古溪新河村。

王必成得知徐绪奎牺牲的消息后，悲痛万分。王必成是湖北省麻城市乘马岗镇小寨村人，与徐绪奎算是湖北的战友老乡，两人又是延安抗大的同学，一起度过了短暂而充实的学习生涯。调入新四军后，两人成为上下级，进一步加深了革命情谊。营溪反击战后，徐绪奎

泰兴市古溪镇营溪战斗十八烈士纪念碑

的警卫员金山把这条毛毯交给了王必成。他含着眼泪收下说："你永远不要忘记徐团长，我们都要为实现徐绪奎同志的遗志而奋斗！"

从此，这条毛毯就一直伴随着王必成，直至去世，整整49年。49年来，将军征战疆场，经历了难以想象的风雪饥寒、艰苦卓绝的千里转战、惊心动魄的无数鏖战，他一直带着这条旧毛毯；在建设新中国的征途中，将军守卫边疆、奉献国防，虽物质条件有所好转，他依然带着这条旧毛毯。王必成爱人陈瑛给这条旧毛毯的绲边更换了2次，3个比较大的破洞也都补上了补丁。陈瑛和女儿曾多次提议王必成换条新的毛毯，都被一口回绝。在王必成心中，这条旧毛毯是已逝战友留给他的最好念想。1989年3月，王必成逝世。家人遵照王必成的遗愿，将这条伴随将军49年的毛毯捐给新四军黄桥战役纪念馆，供后人缅怀。

时间的流逝不会让人忘记这条毛毯背后的故事，更不会让人忘记长埋于地下的英烈徐绪奎。改革开放后，原九团参谋长刘史明四处查访，最终找到老团长徐绪奎的遗骸。1991年，徐绪奎遗骸被迁葬至黄桥公园。同年，泰兴古溪建造了营溪战斗十八烈士纪念碑。

刘史明还有一个愿望，就是找到老团长的家人，但是直至1998年去世也未能如愿。刘史明的儿子刘德平继续寻找，甚至到中央电视台《等着我》栏目求助，但是都没有线索。2017年7月，刘德平在网上发布了一则寻亲帖，被徐绪奎的外孙意外看到。2018年4月5日，4名徐绪奎后辈亲属来到黄桥徐绪奎烈士墓前，长跪不起，泣不成声。历经78年，徐绪奎烈士终于迎来了故土亲人的祭拜。

一条毛毯，长寄思念，英雄安息，精神永存。

（耿　维）

徐克强：生死抉择写壮歌

泰州市姜堰区顾高镇千佛村的徐克强烈士陵园绿树成荫，长眠于此的徐克强烈士见证了那段血与火铸就的抗战岁月。

徐克强1903年出生于上海宝山县殷行乡南徐家湾（今上海市宝山区淞南镇），1926年参加上海工人第一次武装起义，被捕后经亲友营救出狱。1928年任共青团吴淞区委委员，负责工人运动。1933年5月再次被捕，被关进漕河泾监狱，残酷的铁窗生活严重地摧残了他的健康，徐克强患上肺结核病。八一三淞沪抗战爆发后，在八路军驻沪办事处的努力下，徐克强获释。经过严格审查，党组织同意徐克强转为共产党员，并委派他以普通难民的身份到上海国际第一难民收容所开展工作。

1939年10月，徐克强奉命赴苏（州）常（熟）太（仓）地区开辟阳澄湖敌后抗日根据地，历任中共苏州县委组织部长兼肖陆区区委书记、苏州县委副书记。斗争严峻、环境艰苦、工作劳累，他的肺结核病愈发严重，经常吐血。上级领导要求他治病，可他总以“工作忙脱不开身”“等赶走日本鬼子再说”为由，推脱拒绝。

1941年初，日伪调集力量“扫荡”苏中地区，占领了泰州、姜堰、黄桥、如皋等重要城镇，并布下大量据点，企图扼杀抗日力量，伪化苏中抗日根据地。11月，徐克强调任中共泰县县委副书记兼组织部长。泰县抗日民主根据地邻近泰州城，对敌人的威胁很大，是苏中三分区斗争形势特别严峻的地区。徐克强到任后，主动接触各界民主人士，宣传共产党的抗日方针政策，这为改变泰县的抗日斗争形势发挥了积极作用。

1942年5月，徐克强任中共泰县县委书记兼独立团政委。当时县委、县政府的活动处于日伪势力的包围之中，区乡机关经常遭到敌人袭扰，斗争环境十分严峻。徐克强经常带着通讯员深入边区了解情况，总结经验，指导区乡斗争。

为适应反“伪化”斗争的需要，苏中区党委将如西城区以及如黄线以北划归泰县领导，泰县以东姜黄河为界分为两块，东姜黄河以东及河西的蒋垛地区为中心区，河西的姜南、张甸、塘湾一带是游击区。在全县深入开展减租减息的关键时刻，面对敌人的疯狂“扫荡”，泰县县委决定向东姜黄河以西地区推进，支持游击区的干部开展减租减息工作。

泰州市姜堰区张甸镇缪家野徐克强宿营地旧址

6月30日，徐克强率泰县县委、县政府机关和县独立团由中心区雅周向东姜黄河以西挺进。7月1日，在蒋垛区芦庄召开乡村干部会议，检查布置工作。晚饭后，县级机关转移到梅垛缪家野宿营。第二天早晨，泰州、黄桥、姜堰数路日伪军向张甸方向“扫荡”，前沿哨兵发现敌人，开枪射击，日伪军当即从西、北、南三面包抄县委、县政府驻地。面对突如其来的危急情形，徐克强沉着部署，率县团阻击敌人，掩护县长栾长明率机关同志向南突围。

敌人如狼似虎地猛扑而来，徐克强带领大家奋力抵抗，一时枪声四起。县团只有2个连的兵力，且大部分是刚入伍不久的新战士，缺乏实战经验，面对敌人突然密集的火力袭击，只好边打边向南撤退，大部分战士壮烈牺牲。同时，突围的部队和机关人员也遭遇敌人围堵，被迫东移，却被一条大河挡住去路。情急之下，仅找到一条渡船实施突围，敌人用密集的子弹控制河面，机关人员和战士牺牲40多人，被俘40多人，此战是抗战时期泰县党政机关受挫最为严重的一次。

徐克强带着通讯员马永友沿着一条旱沟边打边撤。由于长期抱病坚持工作，加上阻击敌人，体力消耗过大，徐克强无法突围。他忽然发现自己随身携带的一包重要文件还未销毁，一旦落入敌手，将会带来严重后果。徐克强迅速取出文件，一点一点撕得粉碎，对于

泰州市姜堰区顾高镇千佛村徐克强烈士陵园

泰州市姜堰区张甸镇缪家野战斗纪念碑

体力不支的他而言，把厚厚的文件全部撕碎并不容易。眼见敌人越逼越近，他气喘吁吁，汗流满面，还大口大口地吐血。通讯员马永友提出要背着徐克强突围，但他还是个身材矮小的十六七岁的孩子，要想在近在咫尺的敌人面前背着一个人突围，谈何容易。徐克强把剩下的文件塞给他，命令他带着文件包赶快突围。为了战友的生命安全，为了保守党的秘密，徐克强毅然用枪对准自己的头部，扣动了扳机。一声枪响，徐克强英勇牺牲，年仅34岁。

马永友突围以后找到蒋垛区委书

泰县克强中学

记周泽，向他汇报了徐克强牺牲的经过。周泽听后掩面大哭，后将徐克强的遗体埋葬在缪家野。

1977年，泰县顾高乡从缪家野迁回烈士忠骨，修墓立碑。为缅怀烈士，将墓园所在地的千佛大队改名为克强大队（今泰州市姜堰区顾高镇千佛村），当地一所学校也被命名为克强中学（今姜堰区克强学校）。1982年，上海宝山县、泰县及顾高乡共同筹资，建设徐克强烈士墓园。后又重建烈士纪念碑、扩建陵园，2021年建成徐克强烈士纪念馆。

1997年6月，宝山县在烈士的家乡淞南公园内建立徐克强烈士塑像。2015年8月，徐克强烈士被列入民政部《第二批600名著名抗日英烈和英雄群体名录》。

（蒋跃华　丁　云）

浩气长存化丰碑

青山处处埋忠骨，何须马革裹尸还。烽火岁月，在泰兴这片土地上，革命先烈前仆后继，用鲜血和生命诠释了革命精神，铸就了历史辉煌。杨村庙烈士纪念馆位于泰兴市新街镇南新街村桥梓头组，1300多名烈士长眠于墓区，其中900多名烈士为无名英雄。

泰兴市新街镇杨村庙烈士纪念馆

古庙有幸埋忠骨

杨村庙始建于宋朝，原名广福寺，虽然是一座乡村寺庙，但信徒众多，四村八乡前来上香敬佛的人络绎不绝，后因天灾兵火，焚毁数次。到了近代，杨村庙规模变得很小，只有3间正殿及东西两侧厢房。

中国共产党在泰兴开展活动后，由于杨村庙地处泰兴中部偏北，邻近泰县，地处偏僻，易于隐蔽和转移，党一直将这里作为重要的秘密联络点和地

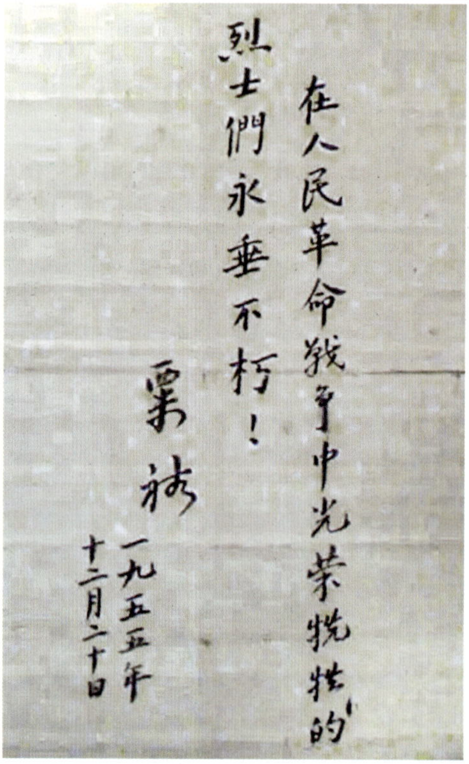

粟裕为纪念碑题词

下工作站。抗日战争时期，中共泰兴县委在此短暂驻留，兴办建国中学培育抗战人才，发展寺庙的住持、和尚成为中共党员。1942年夏，杨村庙遭到破坏，伪军盘踞古庙作为据点，挖深沟渠，垒起高墙，后被党领导的泰兴地方武装铲除。

为安葬在抗战中牺牲的烈士，1943年夏，中共泰兴县委、泰兴抗日民主政府和泰兴参政会决定在杨村庙兴建抗日阵亡将士纪念堂和纪念碑。1944年4月，纪念堂和纪念碑落成，并举行隆重的公祭活动。纪念碑矗立于烈士堂的东南角，高约5米，塔身为巨大方砖砌成，上书“抗日阵亡将士纪念碑”9个大字，碑基四周分别刻有“国之干城”“邦家斯赖”“气壮山河”“永垂不朽”隶体碑文。碑文由泰兴参政会议长汪左白所书，16个字充分褒奖了革命烈士在抗日战争中英勇抗敌、无畏牺牲、保家卫国的功绩。1947年，纪念堂及纪念碑被国民党炸毁。

1955年秋，泰兴县重建杨村庙烈士祠和纪念碑，1956年建成。纪念碑高7米，正面为粟裕题词“在人民革命斗争中光荣牺牲的烈士们永垂不朽”。1982年，泰兴县对烈士祠修缮扩建，将原坐南朝北大殿迁址改建成坐北朝南的革命烈士陈列室。

1956年建成的杨庙村烈士纪念碑

烈士长眠是故乡

烽火岁月里的热血青年风华正茂，慷慨赴义、无畏牺牲。由于条件有限，绝大部分烈士只能安葬在乡野田间，河岸沟旁。历经多年风霜雨雪，有的坟头早已被平整，杳无踪迹；有的墓碑破旧，字体模糊；有的杂草丛生，湮没荒地。岁月可以抹平一切，但抹不去对烈士的纪念。如今，先烈们浸透了奋斗的泪泉、洒遍了牺牲的血雨的泰兴已经繁花似锦。一寸山河一寸血，为忠骨立碑、让烈士归家，是对英烈最好的铭记和告慰。

从2009年起，泰兴市在杨村庙烈士祠实施全省前列、苏中第一的“慰烈工程”，组织搜寻失踪或无名烈士遗骸。先后找寻到埋在母亲墓旁的吕荣昌烈士墓，隐在银杏林中的李怀韬烈士墓，淹没于杂草丛中的刘明盘烈士墓和陈玉书烈士墓，还有埋在麦田沟渠旁的张国凡烈士墓、仲德甫烈士墓等，并将他们迁葬于杨村庙烈士纪念馆墓区。

同时，对烈士墓进行整理和保护。由于战争条件有限，仅以白布包裹烈士尸体匆忙掩埋，有的只在遗体上覆盖草席……没有棺椁，没有墓碑，没有姓名。杨村庙烈士纪念馆组织人员逐一清理900多具抗日战争和解放战争时期的烈士忠骨，以陶罐逐一收殓。挖掘烈士遗骸时，发现他们中很多都还是孩子，遗骸上留下大量与战争相关的创伤。有些烈士的肋骨里遗留了子弹，可见子弹是从正面射入，牺牲前应该是迎着敌人而上；有的烈士肢体不全，应该是生前受到严重的创伤；有的烈士在腿骨、肋骨、头骨等有多处刀伤，可想生前与敌人拼杀时的惨烈。

缅怀英烈慰忠魂

为了安葬烈士、营建纪念设施，2010年以来，泰兴市先后两次征地，将纪念馆向西、向北扩建。2010年，泰兴市征地8亩多，新建2座桥梁，扩建烈士墓区，营建18个大型墓穴，集中安放收殓烈士忠骨的陶罐。新建单体墓穴，将散葬各地田间地头、路边沟旁以及墓碑破损严重、标识不明显的烈士遗骸迁葬于烈士祠。“慰烈工程”的实施，告慰逝去的英灵，唤醒我们的灵魂，是对烈士尊严的维护和彰显，更是对烈士至高至诚的敬仰。

2017年，泰兴市又新征土地28亩，把杨村庙烈士祠升级改造为杨村庙烈士纪念馆。近年来，陆续有几十位散葬烈士迁葬杨村庙烈士纪念馆。

改造后的杨村庙烈士纪念馆四面环水，苍松翠柏掩映其间。纪念馆前

慰烈工程中迁进的烈士墓

英烈殿

后四进，牌坊、纪念碑、墓区、英烈殿沿南北中轴线对称布置。第一进为牌坊门楼，四柱三门，飞檐斗拱，浩气冲霄，上悬“杨村庙烈士纪念馆”匾额。第二进为纪念广场，与第一进甬道相连，左右两边为仿古回廊和办公辅助用房。广场中央立有新建的“抗日阵亡将士纪念碑”，由碑座、碑身、碑顶组成，碑座刻有4幅大型汉白玉浮雕，广场东南则是原杨村庙烈士祠纪念碑。新建纪念碑正后方的巨型浮雕展现苏中七战七捷首战宣泰战斗的生动场景。

第三进为墓区，是烈士们的安身之处，300多座墓碑整齐排列，诉说着一场场殊死的战斗，传承着不朽的精神，驻足凝神，深感悲壮。烈士英灵，千载高风，义薄云天，辉同日月。

第四进为英烈殿。气势雄伟的英烈大殿，古朴庄重，殿名由南京军区原政委方祖岐上将题写。由名家精心创作的油画、木刻和锻铜浮雕陈列殿中，一幕幕正气满怀的场景，触目惊心的数据，一个个可歌可泣的名字，一件件承载悲壮历史的老物件，还原烈士们坚韧不拔、不畏强敌、迎难而上和赤胆忠心的精神品质。

为有牺牲多壮志，敢教日月换新天。千年古刹有幸成为烈士陵园、革命纪念馆。

（潘国琴）

烈士英灵永镇江海

中安轮遇难烈士纪念馆位于泰兴公园。“中安轮”事件中，新四军指战员遇难800余人，令人无比痛惜，但他们所展现出的跟党举旗的坚定信念、英勇果敢的钢铁意志、坚韧不拔的顽强作风、众志成城的赤诚团结、步调一致的自觉纪律，为后人留下了宝贵的精神财富。

党指向哪里　就奔向哪里

1944年9月，为控制苏浙皖，发展浙江沿海，准备战略反攻，中共中央提出“发展东南”的战略方针。新四军一师师长、苏中军区司令员粟裕坚决执行党中央命令，于12月率长期坚持在苏中抗战的新四军一师大部分主力和苏中抗日民主根据地部分党政干部南下苏浙皖边敌后地区。1945年1月，新四军苏浙军区成立，粟裕任司令员。4月，叶飞率领新四军一师留在苏中地区的其他主力部队渡江南下，壮大新四军苏浙军区战斗力。8月，苏浙军区积极展开对日军的大反攻，解放县城11座，拔除日伪据点100余处，建立面积10多万平方公里、人口370余万的苏浙皖解放区，军区部队及地方武装发展到5万余人。

抗战胜利后，中共中央以和平建国的大局为重，制定了“向北发展，向南防御”的战略方针。毛泽东赴重庆与国民党进行和平谈判，为了争取主动，提出将浙江等南方8个解放区的部队撤至陇海路以北和苏北解放区。9月20日，中共中央发出浙东、苏南、皖南部队北撤的电令。22日，华中局、新四军军部指示苏浙军区向江北转移的步骤：粟裕率第一、第三纵队迅速集结出发，叶飞率第四纵队及江南全体可能转移的部队及地方干部，掩护浙东第二纵队安全北撤后，最后北撤。

为了防止国民党军拦截围歼，新四

韦一平

军苏浙军区指战员不顾长途跋涉的艰辛，昼夜行军。10月8日，粟裕率领苏浙军区、区党委机关和第一、第三纵队及苏南第一、第二军分区武装，率先安全渡过长江，到达泰兴地区。第二纵队北撤至钱塘江口，于10月2日在澉浦登陆时，遭遇国民党第三战区顾祝同部11个团的围攻，经奋力血战，于4日拂晓突出重围，伤亡213人。趁敌援军未到，二纵迅速转移，于10月中旬由常熟支塘北渡，到达南通、靖江地区。第四纵队和浙西军分区武装掩护第二纵队北撤后，由苏浙军区副司令员叶飞指挥北撤，于10月中旬北渡长江至泰兴地区，在黄桥与先期到达的一、三纵队会合。

临危不惧
始终站在群众前面

为避开国民党军在长江江面上的封锁，完成所有掩护任务的第四纵队部分主力部队在政委韦一平率领下，作为最后一批北撤人员，于10月15日夜乘坐“中安轮”渡江。“中安轮”正常载客量只有600人左右，最后一批北撤人员近1000人。“中安轮”严重超载，吃水过深，连续7天7夜运载北撤人员未进行检修保养，加之船体陈旧，在距离泰兴天星港3公里处，轮机损坏，舱底漏水，左右摇摆发生倾斜。

在危急时刻，韦一平沉着冷静，临危不惧，指挥抢险。轮船继续下沉，但韦一平始终坚守在船头。身旁的警卫员焦急万分，再三催促他早些撤离，但他一心只想让数百名指战员脱险，全然不顾个人安危。他还将警卫员连人带木板推入江中，自己则继续指挥人员外撤。不料，轮船在离北岸2公里处突然倾覆，韦一平与800余名指战员、地方干部不幸罹难。

韦一平1906年出生于广西罗城，1924年加入中国共产党，随叶挺独立团参加北伐战争，后参加广州起义、海陆丰起义、百色起义，随红七军转战到湘

新四军苏浙军区北撤渡江烈士忠骨原葬遗址

赣苏区，红军长征后在湘赣边区坚持了三年游击战争。1939年起，历任中共苏北特委书记、中共苏北区委组织部长兼泰兴中心县委书记、苏中第三地委书记兼苏中军区第三军分区政治委员、第一地委书记兼第一军分区政治委员，苏中军区教导第一旅政治委员等，先后参加了郭村、黄桥、天目山等战役战斗，为巩固和发展苏中抗日根据地和开辟浙西抗日根据地做出了重要贡献。作为最后一批北撤队伍的指挥，韦一平坚守岗位，直至最后一刻，用生命和行动履行了“始终站在群众前面”的诺言。1985年，惠浴宇在《大江英魂——记韦一平同志》中写道：“如韦一平者，曾千百次地为人民出生入死，当他最后断然把生的希望送给他的警卫员时，我敢说，他的生命达到了最壮丽最辉煌的顶点，他使人的价值和尊严得到了真正的体现和升华。”

奋力营救　军民鱼水情深

苏浙军区部队北渡泰兴，大部分乘坐“中安轮”渡江，少部分人依靠沿江渔民的小木船载运。沿江的渔民驾驶小木船顶风破浪，穿行于长江两岸，新四军指战员和渔民们一起撑船、拉纤，亲如一家。“中安轮”遇险后，泰兴县政府、城西区委迅速组织沿江渔民深夜出江援救。住在天星桥附近的渔民丁广田听到呼救，立即叫醒江边的其他几艘渔船上的渔民驾船前往救人。但因夜黑风高，几艘渔船只能根据断断续续的喊声判断方向，最终只有丁广田一艘渔船赶到出事现场。可惜船太小，装满21人后，丁广田迅速将船划到岸边，找到另一艘渔船赶回去继续救人。渔船装载人数有限，看着落水的指战员们，丁广田等人心急如焚，只得将绳子抛到水中，让他们拉住绳子往岸边游。第三次折返救人时，"中安轮"已彻底沉没，他们将少数抱着漂浮物的指战员救上岸。就这样，来来回回，2艘小渔船一共救了近100人，丁广田一人就救了56人。江边群众也早已准备好干净的衣物、生姜茶，及时安置了落水获救的指战员。

立碑建馆
烈士英灵永镇江海

事件发生后，粟裕在泰兴接见了获救的同志，对幸存者表示安慰，对牺牲者表示沉痛悼念，誓言"将来革命胜利了，我们一定要为牺牲的同志建立纪念碑"。

几天后，一些牺牲烈士的遗体开始浮出水面，沿江人民主动打捞，就地掩埋。在江阴黄坍港附近的江边，人们发现一具遗体，根据其随身携带的图章、钢笔等遗物，确认为韦一平，将其安葬于黄坍镇南。新中国成立后，迁葬于扬州蜀冈万松岭革命烈士陵园。

1946年，靖江县从上海请来潜水员，由靖江县独立团团长宋生发率县团

1960年打捞出水的中安轮

新四军苏浙军区北撤渡江死难烈士忠骨迁移

五连协助打捞，历时半个多月，捞出烈士遗体20多具及一些辎重武器。1960年4月，泰兴县委、县政府在上海打捞工程局、河道工程局等单位的协助下，将“中安轮”起浮出水。经仔细清理，在船内发现约300具烈士忠骨（其中女同志70多人），后将烈士安葬在泰兴天星乡新星村江边。

1985年，江苏省政府决定在泰兴县城北郊建墓、立碑、建馆，粟裕“为牺牲的同志建立纪念碑”的愿望得以实现。

1986年7月，烈士墓穴先期竣工。7月8日，泰兴县委、县政府举行了隆重的安葬仪式，将安葬在天星桥江边的烈士忠骨迁至泰兴北郊安葬。1987年10月，中安轮遇难烈士纪念馆建成并对外开放。纪念馆占地面积约5500平方米，全馆共分四部分，依次为卧碑、竖碑、陈列室和烈士墓地。卧碑宽达6.4米，正面刻有第七届全国人大常委会副委员长、原苏浙军区副司令员叶飞题写的“烈士英灵、永镇江海”8个大字，背面是省政府为纪念八百英烈牺牲40周年而题的碑文，高达18.8米的竖碑上刻有“新四军苏浙军区北撤渡江死难烈士纪念碑”，亦系叶飞亲笔题写。陈列室共分为“苏浙军区，丰功伟绩”“烈士英名，光照千秋”“继承传统，发扬光大”三部分。陈列室后面是八百英烈的墓地，是人们进行祭扫的主要场所。1998年3月，中安轮遇难烈士纪念馆被命名为泰州市爱国主义教育基地和泰州市国防教育基地。

（韩董伟）

一座瓦房与新四军的故事

靖江市生祠镇红英村项家埭头，有3间不起眼的小瓦房，灰瓦白墙，泥土地面，抬梁式建筑，与周边的楼房相比更显岁月沧桑。这里曾是叶飞率领新四军南下途经靖江的驻留之地，是靖江市唯一一处保存完好的革命驻地旧址。

1944年，中国抗日战争形势已经发生急剧变化，在中国广大抗战军民及盟军的沉重打击下，日军已经成为强弩之末，败势已显露无遗。同年秋，中国战场转入局部反攻。为了争取对日寇发起战略反攻的有利地位，中共中央向全

新四军部队作反攻战前动员

党和全军发出巩固和扩大抗日根据地、迅速抓紧时机做好反攻准备的指示，其中长三角地带是抗日反攻的重要方向，必须坚决夺取。9月27日，中共中央致电华中局：“我军为了准备反攻，造成配合盟军条件，对苏浙皖地区工作应有新发展的部署，特别是浙江工作应视为主要发展方向。”为执行中共中央“发展东南”的战略部署，新四军一师师长粟裕组建南下司令部，于12月27日率3个团分两路突破日伪军长江封锁线和京（宁）沪铁路封锁线，于1945年1月上旬进抵苏浙皖边区。2月5日，新四军苏浙军区在浙江长兴成立，粟裕任司令员，统一领导指挥苏南、浙东各地党政军工作。同时，对南下部队和原苏南、浙东地区部队，进行统一整编。

粟裕率领一师部分主力南下后，1944年12月，叶飞接替粟裕任中共苏中区委书记、新四军一师师长和苏中军区司令员兼政委，以原一旅旅部为基础，组建一师兼苏中军区领导机关。

正当粟裕率领苏浙军区新四军积极向敌后挺进之际，国民党顽固派调集重兵企图聚歼苏浙军区新四军。1945年2月中旬、3月上旬，苏浙军区新四军被迫在浙江天目山地区进行2次大规模的反顽自卫反击战，成功粉碎了国民党重兵围剿的企图。国民党第三战区继续调集重兵，企图以天目山为战略屏障，围歼苏浙军区新四军。为了应对国民党不断升级的挑衅，粟裕致电中共中央、华中局和苏中区党委、苏中军区，建议叶飞率苏中1个主力旅渡江南下，提供支援，以期在运动中歼灭顽军主力。粟裕提出增兵南下建议后，3月11日中共中央复电，同意叶飞率部南下浙江天目山。

此时新四军一师在苏中主力部队只有叶飞所部一旅，为了使苏中保有骨干武装，叶飞将以一师老六团部分骨干组成的特三团留下，将一师一团、特二团和江高独立团组成一师教导旅。

4月7日，叶飞率一师教导旅和300多名地方干部，进抵丹北地区（丹北地区是苏南、苏中、淮南三大抗日根据地之间独特的重要战略区域，南至宁沪铁路，西起宁镇，东至锡澄公路，北濒长江，包括扬中全县以及邗江、江都两县沿江地区）和靖江地区，准备分两路渡江。

生祠镇红英村地处靖江西片老岸和沙上的交汇处，位于横港、夹港之间，地势平坦且水系发达，建有临江码头，十分适合船只过江。范青如四兄弟和父亲住在红英村项家圩的一座三间小瓦房里，与文昌宫仅一墙之隔。村里地下党员来到范家，劝说范青如的父亲

兵工厂浇铸手榴弹用的铁模

腾空住房，借新四军作临时之用，并承诺安排新的土地建房，范青如的父亲便同意了。新四军在范家设立临时指挥部，叶飞在此指挥部队陆续南下浙江。

当民兵队长安排新四军在老乡家借住时，村民们积极主动配合。村民孙百勋家中被分配了20多个战士入住，他担心战士们休息不好，就把自家准备铺屋顶的稻草给他们打地铺。有的村民把家中的门板拆下来给战士做床，用土坯给他们砌灶。新四军战士严守纪律，不拿村民辛苦积攒下来的粮食和柴火，买东西都是按时价付款。战士们平常除了擦枪、打草鞋、补衣服、政治学习、军事操练外，还尽可能帮助村民们打扫、劈柴、挑水、担粪，帮助村民铺草修理屋顶，加固鸡舍鸭舍，军民关系越来越紧密。

为解决前线武器弹药问题，兵工厂跟随部队南下，新四军在靖江驻留期间因地制宜，在村内设了两处兵工厂，开工生产弹药满足自给。一处在村里的富户印为和家，印为和主动提供自家的房子和化铁炉子、大风箱等工具，20余人在房间内打铁制作榴弹壳，春寒之际光着膀子干活也全身是汗。另一处设在铁匠项铁成家，十几个人在此处安装榴弹成品。附近的村民和孩子时常去看战士们造榴弹，还自愿把银杏树献给新四军，用于制作榴弹柄。

新四军在红英村驻留期间，军民相处十分融洽。时年11岁的严素芬和小伙

1945年叶飞率部南下途经驻留地（靖江市生祠镇红英村）

伴到临时指挥部玩耍时遇到了叶飞，叶飞和蔼地招呼他们，让孩子们与新四军一起吃饭，鼓励他们认真读书，将来为国家做贡献。

1945年4月，靖江江边渔民工作委员会和东兴、太和区委组织300多条船只，协助苏中教导旅渡江南下浙江天目山。4月23日，先头部队顺利到达长兴地区，与苏浙军区会合。4月底，部队全部离开红英村，离开前战士们给村民打扫房屋、规整物品，还留下饭菜钱。

新四军离开后，范青如一直守护着这3间小屋。渡江战役期间，中国人民解放军第二十三军在范家设立渡江粮站粮食供应基地。20世纪50年代初，文昌宫与这3间小屋成为农会活动场所，其后分配给当地农户，作为私房居住。后来房屋空置，收归红英村集体所有。

2010年，范家3间小屋作为革命驻地旧址，列为县级文物保护单位，2021年入选《江苏省革命文物名录（第一批）》。

（杨涵之）

歼灭独立六旅

1940年10月初，韩德勤执行蒋介石命令，亲临曲塘指挥，向黄桥发动总攻。

当时，韩德勤部署了三路大军，其中中路军是进攻的主力，它以八十九军三十三师为右翼，独立六旅为左翼，八十九军军长李守维亲自率领的八十九军一一七师为中坚。在这三股兵马中，独立六旅最引人注目，它是韩德勤的王牌军，国民党当时唯一全副美式军械装备部队，每班一挺捷克式轻机枪，每营一挺重机枪，军官都是军校生。旅长翁达毕业于黄埔军校第四期，是国民党陆军中将，与八十九军军长同等军衔。独立六旅在顽军内部被称为“梅兰芳”部队，是唱主角挂头牌的军队。

三路大军共有3万多人，而我军只有7000多人，敌我力量悬殊。按常理应先打弱敌，当时任苏北指挥部副指挥兼参谋长的粟裕却不拘一格出奇兵，选择了独立六旅这个王牌先打，以此为突破口，打乱韩德勤的部署，打垮敌人的士气，吓退动摇不定的中间派。

我当时担任挺进纵队（以下简称“纵队”）一纵一团团长，率领的一纵一团曾在半塔集保卫战中就和独立六旅交过手，并将其打得落荒而逃，当然首先挑起了这副重担。同时担任歼灭独立六旅任务的还有一纵的四、五2个团，二纵的二团也参与了。

战前动员鼓人心

我和团参谋长王萱春、政治部主任曾如清从纵队开会回来就召集排以上干部开会，传达指挥部的黄桥战役作战意图和纵队作战会议精神，同时部署具体作战方案。纵队司令员叶飞亲临会场给干部们做动员，在全体干部心中点起了势与韩顽战斗到底的愤怒火焰。

由于一团的政委刘先胜被调走，我一个人要挑两个人的担子。干部动员会后，我就按团干部的分工急忙到二营去作战前动员。当我来到二营驻地时，地上黑压压地坐满了战士，连炊事员、通信员都来了。

“同志们！丧心病狂的韩德勤又逼我们打仗了！”我单刀直入地开始了动员，接着追述了新四军苏北指挥部陈毅指挥为我军争取抗日权利所做出的努力。陈毅指挥曾打了十几次电报向韩德勤提出，只要求“救国有份，抗战有地”，并邀请了各界人士代表向韩德勤呼吁。与此同时我军为顾全大局，退出了姜堰等地。我在讲话中特别提到三营营长曾斌同志在韩德勤第一次公开向我们进攻时，在被迫自卫的营溪战斗中牺牲。战士们面容严肃，全神贯注地听着，想着，我们能等着挨打吗？这仇能不报吗？

我又说：“韩德勤吹牛是因为他有十多万人马，而苏北新四军只有七八千人。如果我们被他们吓住了，那只有退回江南去。可是，韩德勤和鬼子早已联络好了，鬼子已加紧封锁江面，长江是过不去的。所以，从军事上说，我们决不能退！再说，我们新四军已在这块土地上打开了很好的抗日局面，群众已经认识到国民党是腐败的、反动的，只有新四军才是真正抗日的军队。他们都把抗日的希望寄托在我们身上，我们一退，群众就要遭殃，韩德勤就会把这块土地送给鬼子，那我们还算什么抗日部队？从政治上说，我们更不能退。我们只有打！打胜了，就可以和南下的八路军会师，根据地就会更加扩大。没有根据地，我们就无法坚持抗日，这道理我们已经有亲身体会了，因此，我们一定要打！”

战士们跟着喊：“打！打！打！”我又号召大家，磨快刺刀，要发扬猛打、猛冲、猛追的战斗作风，并要求大家把子弹、手榴弹准备好，在这次大决战中来一个杀敌比赛，看谁杀得多。战士们立即喊起了著名的口号“三好三快”：“鞋子准备好，冲得快！子弹准备好，打得快！刺刀准备好，杀得快！”接着我宣读了陈毅的《告全体指战员书》，纵队首长也分别下部队进行了战斗动员。经过了这样的动员，战士们个个精神振奋，情绪高昂，誓与韩德勤决一死战。

带头出击抓活口

10月4日晨，一团在我的率领下，踏着晨曦，火速赶到了高桥至邵家岱一线西侧的预定伏击地——樊家集，等

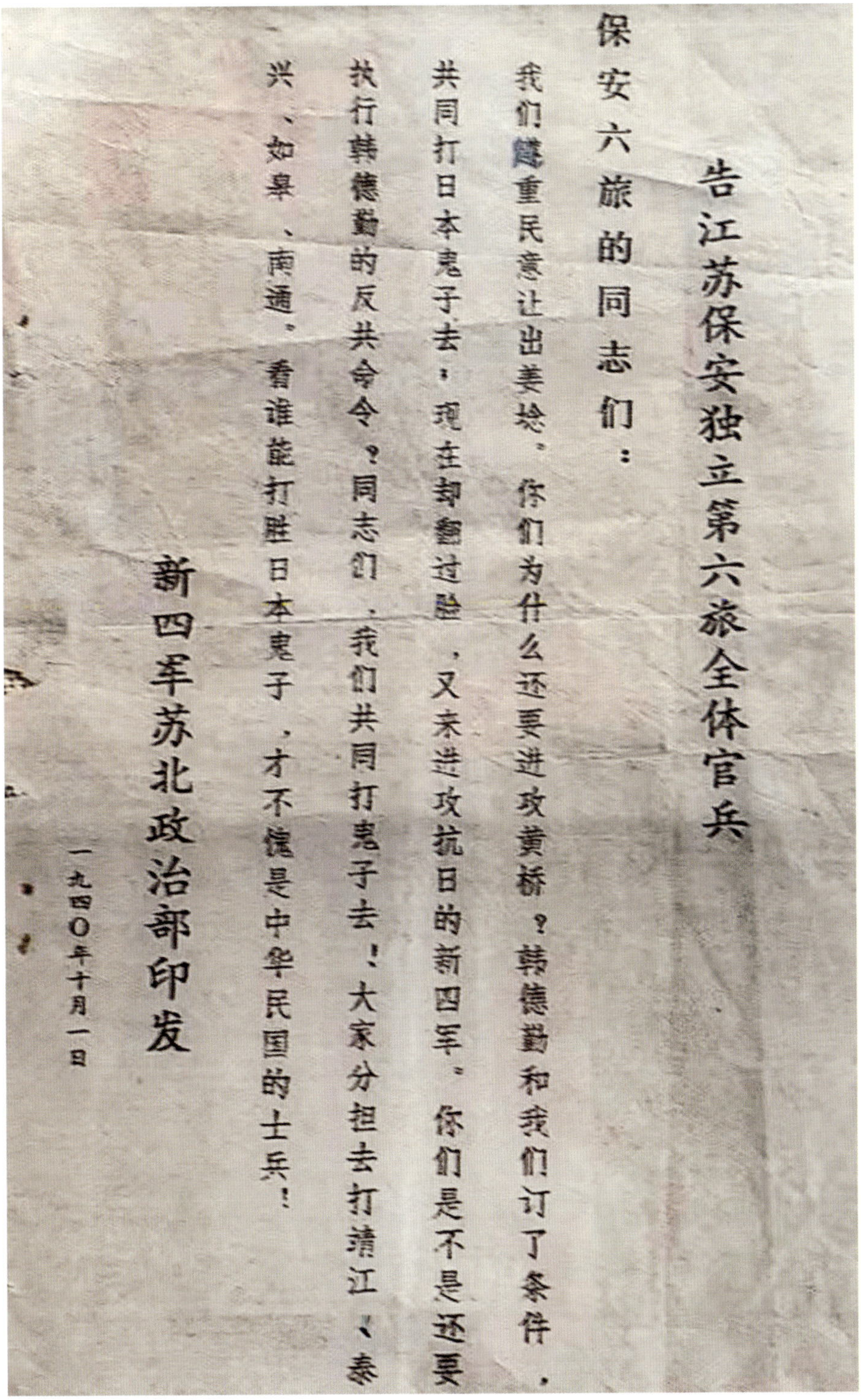

告江苏保安独立第六旅全体官兵

保安六旅的同志们：

我们尊重民意让出姜埝。你们为什么还要进攻黄桥？韩德勤和我们订了条件，共同打日本鬼子去；现在却翻过脸，又来进攻抗日的新四军。你们是不是还要执行韩德勤的反共命令？同志们，我们共同打鬼子去！大家分担去打靖江、泰兴、如皋、南通。看谁能打胜日本鬼子，才不愧是中华民国的士兵！

新四军苏北政治部印发

一九四〇年十月一日

新四军散发的《告江苏保安独立六旅全体官兵书》

待着顽军独立六旅的到来。离樊家集东边三四里路的西雁岭是独立六旅的必经之地，为防止敌人察觉，我率领团营干部们身着便衣，分批分段察看地形，检查战士们的隐蔽情况，实地研究战斗战术。四团在右翼协同作战，迂回到独立六旅侧后。二纵也按计划埋伏在北线，在玉米地里等待独立六旅的到来。

可是狡猾的翁达让八十九军打头阵，直到下午两点，八十九军和我守黄桥的三纵队在黄桥东门打得最激烈时，他才出马，指望白捡一个头功。他自以为是王牌军，目空一切，又认为新四军现在无暇顾及他。整个旅排着最不利作战的一字长蛇阵，个个头戴斗笠，如同旅游团般大摇大摆地向黄桥走来，哪里知道新四军正等着他呢。

这时，我团派出的侦察员已活捉了3名敌军官，从他们身上搜出了敌人进攻黄桥的兵力部署图。我一面派人向纵队首长报告，一面召集几个营的干部碰了头，研究了具体打法，并察看了地形，部队很快分头按指定位置埋伏起来。

叶飞司令员得到消息，立即赶到了我团的伏击地。他看到敌先头部队接近了八字桥，就命令我团立即出击。团首长按事前分工，分率3个营，形成了3把利剑插入敌阵。我手拿盒子枪带头冲在前面，战士们以手榴弹开路，在响彻云霄的冲锋号指挥下，勇士们端着雪亮的刺刀，向敌人猛冲。顷刻之间，杀声震天，把敌人拦腰截成几段，有些敌人还未清醒过来，就做了俘虏。但独立六旅毕竟是韩德勤主力中的王牌，尽管处在绝对不利的形势下，仍凭借河沟、房屋等进行顽抗。一团在我的指挥下，连续发起强烈攻击，二营和敌人展开了白刃战，二营营长张锡能在和敌人拼杀中光荣牺牲。

政治部主任曾如清率三营七、八2个连分两路直扑高桥。经过1个多小时的激战，歼敌400多，完全控制了高桥。

四团在团长廖政国的指挥下，分3个箭头切断了独立六旅的十六团，天黑前已歼灭了十六团大部，敌残部退到周家庄继续顽抗。

二纵也同时冲向独立六旅，与一纵一起把独立六旅截成几段，然后向东穿插。二团扑向古溪，准备直插分界，截断三十三师的后路。

第一批俘虏送到一团团部，一查果然是独立六旅的十六团和十八团的。我立即命令参谋去向各营传达："敌人是我们的老对手，是我们的手下败将，大家狠劲打，胜利有把握了！"

寻歼独立六旅旅部，翁达自杀

擒贼先擒王。我目标明确，亲自指挥一营寻歼顽军旅部。我很快看准了一群手拎皮包、骑着高头大马的人，估计这就是旅部。当翁达发现我军向他进攻时，与我相距只有一里左右，只好率领乱作一团的旅部奔进附近的一个村庄，准备固守。他声嘶力竭地命令架设电台，但摇机员和电台机器均不知去向，只好气急败坏地命令通信军官，带着卫士、传令兵找李守维求援。但部队已被我所率一营团团围住，趁其慌乱之时，我果断命令营长梅子益率领一营的主力直捣独立六旅旅部，亲自指挥团部机枪排的“老黄牛”用全部火力掩护一营进攻，部队打到哪里，火力就跟到哪里。敌旅部在我军强有力地猛攻之下，迅速被歼，敌后卫十八团也被一团解决。

翁达这个中将旅长被我二营追得无路可逃，又眼见部队已被消灭，就剩孤家寡人，只得拔枪自杀身亡。我在侦察员带领下走到一栋高大的门楼下，看到那里有一具倒在血泊中的尸体，手执短枪，从枪口判断是自杀的。警卫员拾起尸体旁的风雨衣，我看到衣袋上方绣有“翁达”两字，立即派人报告叶飞司令员，并把风雨衣送去纵队指挥所。

协助四团歼灭敌十六团

黄昏来临时，我团已将敌独立六旅旅部、后卫十八团全部解决。这时四团阵地上枪声尚激，我与四团团长廖政国和政委涨潮夫联系后，得知邵家岱南一古庙中尚有残敌，四团兵力一时未收拢，攻古庙的火力不足。我即派出1个营，以火力配合四团围攻古庙，最后歼灭庙中的敌十六团残部数百人。激战至黄昏，独立六旅的十六、十八2个团基本被消灭，共俘虏敌官兵1300多人，一团也伤亡500多人。

当纵队参谋长张藩向陈司令员汇报独立六旅被解决了，翁达自杀身亡时，陈司令员说：“庆祝你们的胜利，黄桥的问题基本解决了。”

（节选自乔信明《黄桥决战中的一团》）

追忆从未见过面的父亲

在泰州市烈士陵园一片绿树丛中，长眠着我的父亲。

简朴的碑文，写着父亲的简历："林之新烈士，原名任瑞林，福建省闽侯县（现福州马尾）人，生于1922年，1939年参加中国共产党，1940年参加新四军，历任新闻记者、区委书记、县委宣传部长、泰州独立团政治处主任等职，于1946年11月15日在泰县雅周区丁许庄与蒋匪作战中英勇牺牲，时年24岁。林烈士卓越的革命精神永垂不朽！"

青年时代的父亲

童年时，由于从未见过父亲，我老爱想象父亲的模样：中等身材，眉清目秀，目光炯炯……

父亲牺牲的事，我上小学三年级时才得知，那时我在无锡师范附小上学。一次，任无锡市妇联主任的母亲来学校做报告，讲的是林之新烈士的革命事迹。讲着讲着，我发现母亲眼眶红了，还一次次地擦拭眼泪。我心里一怔：林之新，任小新，会不会……不不，他姓林，我姓任呀！

林之新

放学回到家，妈妈正在阅读文件。我突然问道："妈，林之新是我爸爸吗？""你怎么知道的？"妈妈猛然回头，我们四目对视，都怔住了。我扑向妈妈的怀里，放声大哭起来。以后，我不断地从母亲、从叔叔林康、从父亲的战友那里，对父亲有了较多的了解。叔叔林康说，我的相貌酷似我的父亲。

祖父年轻时就到上海谋生，先在饭店做杂工，后来学会做西餐，靠一份工薪养活全家6口，但他省吃俭用，让4个儿子都上学受教育。1937年，父亲初中毕业，家里已无力让他继续升学，他就到饭店做杂工，又以"艾汀""林梓辛"等笔名向《申报》和《新闻报》投稿，靠打工和稿费收入在滨海中学读完高中，并考上大学新闻系。

高中时期，父亲就参加了上海学生协会滨海中学工作组，这是中国共产党的外围组织，能阅读到各种进步书刊。他经常组织学生上街散发传单，宣传抗日，募集救国款，为前线抗日将士运送食品和药品。1939年1月，父亲秘密加入中国共产党。

有一天，父亲去一个秘密地点参加会议，因事迟到了。当他赶到时，发现会址已被日伪特务包围，他立即离开才幸免于难。因情况危急，党组织通知他立刻转移。

参军入伍

1940年夏，父亲到了澄（江阴）锡（无锡）虞（常熟）抗日根据地。他在部队的6年半，大部分时间是做新闻工作。他经常深入前线，以"艾汀"的笔名写过很多通讯。我寻找了多时，终于在《江南》半月刊第三卷第八期上，找到了一篇"艾汀"写的人物通讯《木花阿金》。

原江苏省出版局局长高斯是父亲在《江潮报》工作时的战友，他写的一篇《林之新在〈江潮报〉社》，使我知道了不少父亲办报的情况。抗战胜利后，父亲调到《江潮报》社任副社长，当时报社30多人，编辑、记者有不少是大学生，报务员则是些十三四岁的孩子。文章提到，"林之新很善于做知识分子的工作，也能教育顽皮的孩子。他对人很热情，大部分同志他都个别谈过话。他来不久，就组织了一个文娱小组，教大家唱歌，举行晚会，还组织篮球比赛，跟大家打成一片，给同志们印象很深……林之新非常关心大家的健康，报社进驻黄桥时，小河边上土质好，他就组织大家种菜，还在河里养了鸭子。同志们吃上了蔬菜，天冷了宰鸭子吃，伙食改善了，同志们健康状况也逐渐好起来了，大家积极性都很高。后来报社搬到了如皋城，在林之新的建议下，我们在城里开了个黄桥烧饼店，在当时也算是一项创举……可惜他在报社只待了半年，就调到三分区政治部去工作了”。

1943年7月，父亲调任如西县委宣传部长，不久又先后调任芦港区、薛窑区、车马湖区区委书记。他对如西情况非常熟悉，当地群众习惯叫他林政委。

1944年9月，吴家窑据点的伪军突然袭击大石乡，抓走20多名群众，作为逼交伪捐的人质。我方针锋相对，也逮捕了大石乡的几个反动地主。此时，吴家窑伪据点已孤悬于石庄和如皋之间，正是开展政治攻势的好时机。父亲认为当前的燃眉之急是要救出群众。于是，父亲带领20多名基干民兵，在据点南堍封住大桥，向敌伪进行政治喊话。许璋率区游击队在据点东侧和北翼担任警戒。父亲先朝天鸣枪警告，听到据点里传来一片混乱嘈杂声，就先申明，今天不是来拔除据点的，是要同他们谈几个问题。父亲以坚定而又平和的语气，向伪军讲解形势，希望他们不要执迷不悟，要为自己留一条生路。“我要求你们，立即把抓去的老百姓放回来！如果与人民为敌到底，将来新四军和抗日民主政府是要算总账的！”

次日，父亲又给据点里的伪军补了一课，对一个两面派分子说：“新四军已决定拔除吴家窑据点，他们猖狂不了几天了！”这家伙果然当天就给据点传了信。伪军放回了抓去的群众，溜进了如皋城。

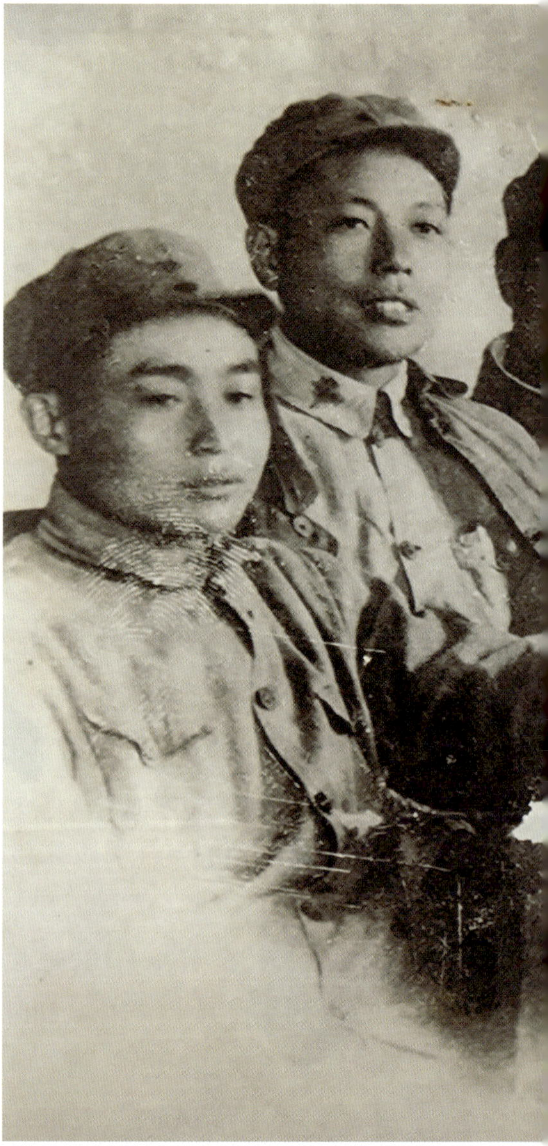

最后的牺牲

数十年来，我心中最挂念和关切的一件事，是想了解父亲牺牲的详情，为此我曾四处寻访。后来泰县党史办公室的同志寄来了有关父亲牺牲前后的珍贵资料，使我有了进一步了解。

1946年7月，蒋介石发动了全面内战。同年秋，父亲调泰州独立团任政治处主任。为了完成上级交给的“阻击敌人”和边区的“反抢粮”斗争任务，父亲

林之新（右二）与华中第一军分区政治部部分成员合影（1946年）

和泰州独立团团长吴石梅带领一部分部队，在海安以南、柴湾以北的公路沿线活动。

11月14日，父亲奉命带领四连驻在泰县雅周丁许庄（今属海安），打击小股敌人，保护群众正常生产。15日凌晨，父亲和指导员任启贤带着2个排的兵力行进时，遭到国民党军两个营的突然袭击。父亲沉着地指挥部队进行反击，并组织突围。由于敌我力量悬殊太大，父亲带了1个排和警卫班撤退，边撤边打。敌人火力很猛，战斗不到20分钟，父亲身中数弹。父亲负伤后左手捂着伤口，右手用手枪射击敌人，同时指挥机枪手狠狠打击敌人。当机枪手牺牲后，父亲又冲上去，用机枪打击敌人，直到壮烈牺牲。

当晚，部队撤到雅周区东夏乡，父亲的遗体被抬到东夏乡。独立团的同志和当地群众，对父亲的牺牲感到非常悲痛，连夜买了一口桑木棺材，把他安葬在东夏乡王家空村。

华中第一地委书记、华中第一军分区政委钟民，华中第一军分区司令员吴咏湘对父亲的牺牲十分悲痛，深为惋惜。因为丁许庄战斗是分区反“清乡”、反“清剿”斗争的第一仗，父亲又是新四军南线牺牲的第一位团级干部。1947年7月12日，泰州独立团在金庄（丁许庄附近）歼灭了敌人1个营，打击了敌人的嚣张气焰，为父亲和其他牺牲的同志报了仇。

我父亲与母亲是1946年春节在华中一分区结婚的，由包厚昌伯伯（新中国成立后曾任江苏省委书记）操办。当时，包伯伯任一分区政治部副主任，父亲任宣传科长，母亲是司令部组织干事。结婚不到1年，父亲就牺牲了。1947年1月13日，父亲牺牲58天后，我才呱呱落地。为了纪念我父亲，周伯藩伯伯（新中国成立后曾任南京市委副书记）的夫人韩玲阿姨为我取名小新。

1953年3月，扬州专员公署将父亲灵柩迁到泰州市烈士陵园，重新安葬，并立了石碑。每当我端详父亲的照片，眼前就会浮现出父亲的音容笑貌。他是那么年经，才24岁呀！每次我伫立在父亲墓前，总是思绪万千，难以言表的缅怀之情油然而生。

（任小新）

清　松

记得在我刚负责基层党务工作时，妈妈特意为我写了幅字“大雪压清松 奋发成英雄”，并有意把“青”写成“清”，告诫我做人做事要清正廉洁。妈妈的言行就如“清松”，为我树立了榜样。

我的妈妈陈亮是一位新四军女战士、共产党员、离休老干部。妈妈曾是大户人家的二小姐，满怀抗日救国的激情，为了共产主义信仰，二十刚出头就跟随表叔参加了新四军，曾任苏中地区的新四军小学校长。1945年2月22日，新四军苏中一团解放沙沟城。3月9日，成立沙沟市政府，直属苏中党委和行署领导，并从各地抽调干部。我的爸爸周奋也就在此时调任沙沟市副市长，妈妈由苏中公学调任沙沟银行金库会计。在这种情况下，爸爸与妈妈相识、相恋了。

周奋

1945年秋，因形势紧张，金库撤回专署，妈妈被调专署留守处任会计，后又调到边区政府工作（驻地淮阴城）。1946年春，因工作需要，妈妈又调回沙沟工作。爸爸妈妈又相聚了，不久便举行了简朴的婚礼，除了随身行李外，其他结婚用品什么也没有。

当时部队有一个规定，只有达到一定职位的同志才可结婚。结婚后，爸爸

周奋与妻子陈亮在沙沟的合影（1946年）

感情。”

在可能的条件下，爸爸对妈妈的照顾还是非常周到的。当得知妈妈喜欢吃南瓜后，爸爸下乡检查工作时经常会买些南瓜托人带给妈妈。到专署开会时，又常买妈妈爱吃的甜点，然后骑车几十里路程送回来给妈妈。有段时间，妈妈身体抱恙，爸爸焦急地找了一位阿姨送妈妈到淮阴请大夫治疗。妈妈治愈回来后，爸爸在会议中途休息时，就急切地走出来看望妈妈，问长问短，妈妈也从背包中拿出从淮阴带回的优质水蜜桃给爸爸吃。两人的爱情是那么的深，那么的感人。

为了照顾其他未婚同志的情绪，与妈妈商量后，决定仍分开居住，只在休息日才在一起。妈妈毫无怨言，坚决支持爸爸的建议。

1946年7月，沙沟市改为沙沟县，爸爸任县长。爸爸严于律己的同时，对妈妈也是严格要求。记得妈妈怀孕期间，有一次要去地委开会，天正下着瓢泼大雨，河堤湿滑，妈妈要挺着大肚子背着背包，步行十几里河堤路才能乘上车。有关领导得悉后，提出派爸爸的警卫员送妈妈一程。爸爸知道后立即拒绝：“不行，不能因为是我的爱人就特殊化。”妈妈听后，二话没说，立即背起背包，冒雨独自前行。后来妈妈在回忆录中这样写道：“周奋这样做既教育了我，又锻炼了我。从内心讲，反而加深了我俩的

1947年春，爸爸调任高邮县副县长。当时高邮县的斗争非常艰苦，干部牺牲较多，白色恐怖严重，个别干部产生畏难情绪。爸爸不畏艰险，服从斗争需要，坚持到高邮边远的时沙区去工作。4月16日，正值爸爸和妈妈结婚一周年之际，爸爸派通讯员给妈妈送来一封信，信中说：“去年这个时候，我们是多么愉快！但今年更有意义。我们虽分

两处，战争环境却给人锻炼的机会，你说对吗？”谁知，一周后，通讯员又来了递给妈妈一封信，信是高邮县委书记李健同志代表组织写给她的，信中写道：“周奋同志不幸被捕。”看毕，妈妈好似被雷击一样，昏昏沉沉，把抱在怀中的我掉到地上了。

不久，组织上让妈妈带着我乘船到高邮县委驻地。县委书记李健、宣传部长郑光耀、组织部长袁舜生等都在河边迎接妈妈。妈妈一见到他们，又禁不住痛哭起来。李健同志考虑到妈妈的情绪，特地叫他的爱人苏华同志照顾妈妈，又让炊事员为妈妈烧了好多只荷包蛋，可妈妈怎么也吃不下去，只想了解爸爸的近况。待妈妈住定后，李健同志才告诉妈妈：“周奋同志为了掩护自己战士的安全撤退，于4月22日不幸被捕，23日被害。”

1947年4月22日，因敌人告密，爸爸在时沙沿线视察工作时，突遭国民党军围袭。爸爸果断命令身边的战友包括自己的警卫员迅速撤退，自己独自一人断后阻击，不幸受伤被俘。敌人把他押到沙沟游街，爸爸从容镇定，慷慨陈词，一路上向沙沟人民揭露蒋军进攻解放区的暴行，宣传党的方针、政策，吓得敌人措手不及，慌忙用东西塞住

革命犧牲工作人員家屬光榮紀念證

上[illegible]字第00084號

查周奮同志在革命鬥爭中光榮犧牲，豐功偉蹟永垂不朽，其家屬當受社會上之尊崇。除依中央人民政府「革命工作人員傷亡褒卹暫行條例」發給其家屬卹金外，并發給此證以資紀念。

主席 毛澤東

一九五五年十月廿六日

周奋烈士家属光荣纪念证

爸爸的嘴，草草收场。敌人软硬兼施，又企图软化爸爸，先后设宴请他吃饭，均遭爸爸严辞拒绝。4月23日，敌人网罗了部分反革命家属和反动分子，召开所谓的“控诉大会”。爸爸一到会场，就看穿了敌人的险恶用心，踢翻了“审判台”，并痛斥蒋匪军、还乡团的反动暴行。敌人顿时慌了手脚，残酷地用刺刀对着爸爸连续刺了18刀，最后壮烈牺牲。那时，爸爸和妈妈结婚才1年多，我也刚出生才3个月。

妈妈是一个坚强的人，爸爸牺牲后，她强忍悲痛，主动向组织请战，提出要像爸爸那样，坚持要到最危险的敌占区去工作，组织上没有批准。5月1日，上级党委在油坊头召开周奋烈士追悼大会，党政军民1000多人参加大会。妈妈作出决定：“捐出所有抚恤金，买枪支弹药，为死难烈士们报仇。”妈妈又向组织建议将我的名字由“周猛毅”改名为“周继奋”，以此希望我继承父业，为革命奋斗终生。党组织当即批准，并在大会上正式将我更名为“周继奋”。这场面一直深深留在爸爸、妈妈

兴化市千秋广场上的周奋烈士铜像

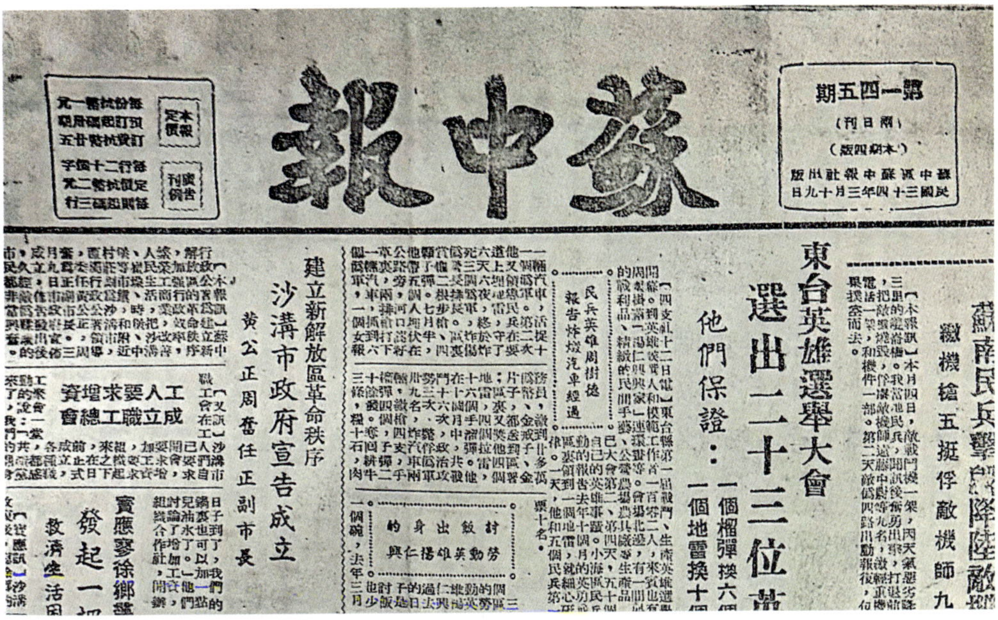
蘇中報

第一四五期

（兩日刊）

（本刊四版）

蘇中區蘇中報社出版

民國三十四年三月十九日

建立新解放區革命秩序
沙溝市政府宣告成立
黄公正周奮任正副市長

東台英雄選舉大會
選出二十三位
他們保證：一個榴彈換六個 一個地雷換十個

蘇南民兵擊落敵機
繳機槍五挺俘敵機師九

工人要求增資
成立職工總會

《沙沟市政府宣告成立》（1945年3月19日《苏中报》）

老战友们的回忆中。

爸爸牺牲后，我就一直在妈妈身边生活，组织上还从医院调来一位姑娘倪金娣为我作护理。在那残酷的战斗岁月，妈妈舍不得把我寄养在老百姓家，一直背着我度过战争岁月。

记得有一次，妈妈正在给战士们上党课，突遭国民党军偷袭。我正躺在小屋睡觉，在千钧一发之际，我被妈妈和通讯员抢出来。事后，组织上再也不放心我们的安全，经多次劝说，最终妈妈同意调到大部队，担任教导员。每次吃饭前，妈妈都要指挥大家唱歌，我也爬上桌子当起小指挥，这情景妈妈的老战友们一直记忆犹新。

新中国成立后，我和妈妈回到了上海。在成长的道路上，妈妈严于律己，也同样严格要求我。她从不讲她的战斗经历，从不炫耀自己，是个很低调的老干部。她的好多故事，都是我从爸妈的老战友那儿得知的。

妈妈也从不许我借助父母的光环为自己开后门、托关系。当我复员进厂工作后，妈妈要我扎扎实实地向工人老师傅们学习，坚持让我从最基层工人做起，并教导我做一名革命烈士的好后代。上海市委组织部原部长杨士法是妈妈的老战友，正被下放担任我厂党委书记，得知我的情况后，私下和妈妈商量是否调动一下我的岗位。妈妈好言相拒：“他是烈士后代，是干部子弟。学过农，当过兵，没好好当过工人，让他从最基层的工人做起，好好锻炼。”我从大三班的工人做起，依靠自己的能力和技术，从工人、班组长、机组长直至技术管理人员、党务工作者；从普通技术工人成长为上海第一批八级电工、技师，直至高级技术人员。

我结婚后，组织上给我分配了一套二室一阁楼的住房，居住面积36.7平方米。随着城市的发展，要造南北高架桥，房子要动迁。根据动迁政策，厂里给我在市郊分配了一套28平方米二室居住房，不仅地段偏僻，面积还小了不少。当时我想不通，想拒迁。妈妈知道后，告诫我不许给组织添麻烦，最后全家从市中心搬到了郊区。

妈妈就是这样一位坚强的新四军女兵，在爸爸的言传身教下，严于律己、清正廉洁，在我眼中既平凡又伟大，她是一棵永远挺拔的“清松”，并将这样的红色家风弘扬传承下去。

我的女儿是在我爸爸牺牲30周年纪念日出生的，为此起名周忆。如今，红色家风也感染着女儿，她勤恳工作、低调做人。近些年，女儿和女婿还利用假期寻访了爷爷奶奶曾经战斗和工作过的高邮、兴化等地，自觉接受革命传统教育，来去途中都谢绝了当地政府的接待帮助。我期待，爸爸妈妈留下的宝贵红色家风，能一代一代传承下去，永葆革命本色。

（周继奋）

父亲李健　忠勇的战士

1966年，21岁时的我才知道我的生父叫李健，是一名烈士。他牺牲时我才2岁，正是尚未记事的年龄。我特别想知道，父亲长什么样儿，是什么样的人，是怎么牺牲的。我不敢问妈妈，不想让她难过。1979年，我写信向兴化县委求助。当我收到兴化烈士陵园寄来的父亲照片和简历时，眼泪一下子就流下来了，我终于看到了父亲的模样。1980年，我和家人第一次给父亲扫墓。

李健

此后几十年间，我寻访父亲的老战友，通过扬州、泰州等地烈士陵园、党史办查找资料，寻找着父亲的足迹。2007年，江苏省人大常委会原副主任戴为然伯伯为纪念李健牺牲60周年作序："往事并非如烟，李健同志已牺牲60周年了，但他生前的音容笑貌，依然活在我的心中。至今，我仍记得他年轻英俊，浓眉大眼，白胖的四方脸，为人谦和，热忱爽朗，操着浓重而亲切的乡音。想当年，我们一起入党，一起开辟工作，情同手足，友谊甚笃。李健同志的业绩与优秀品德光耀千秋！"

父亲原名李玉琴，1919年出生于江苏省沛县崔寨乡陈杨楼村的一个农民家庭，1936年考上徐州警察训练班，毕业后到上海嘉定县当警察，1937年到泰县保安警察大队第一中队任班长。

1938年底，李健参加了新四军挺进纵队在江都举办的政治训练班。1939年2月，由俞铭璜介绍，李健与戴为然、盛坚夫、邵泽甫等加入中国共产党，参与组建中共泰县工委，后任中共泰县县委委员兼姜堰区区委书记。李健和邵泽甫发展党员，在第一中队秘密建立中共党支部。

1940年5月，苏北特委派李健到兴化，以警察身份为掩护，开展党的工作。7月，中共兴化城工委成立，李健任书记。黄桥决战前夕，李健和中共党员杨文铸、王振扬、沈长林等宣传策动船轮工人，拆除轮船机组中的重要部件，致使韩德勤准备用来运兵和武器给养的21艘机动船完全陷于瘫痪状态。

黄桥决战中，韩德勤部八十九军军长李守维落水毙命，韩德勤在兴化为李守维开追悼会。李健利用负责接收挽联、布置灵堂的机会，制造了轰动一时的挽联事件。当国民党各方要员进入会场时，在会场的显眼处看到一副挽联：

上联：摩擦分裂走向死路

下联：抗日团结才有前途

横批：李守维死了

落款：兴化民众公挽

1941年1月，中共兴化县委成立，李健任组织部长，并先后兼任海河区区长、区委书记。李健深入发动群众，建立区乡农抗会，开展“二五减租”运动，巩固抗日民主根据地。他启发教育地主出身的地方抗日武装负责人张镇，接受新四军改编，并介绍他加入中国共产党，后来张镇担任兴化县副县长、溱潼县副县长等职，还介绍国民党乡长邵元洪加入中国共产党。

10月，李健到被日伪和顽军控制、斗争形势严峻的兴西地区任特派员。讲究斗争策略，坚持打击驻中堡的伪八十七团况明恺部，消灭与日伪勾结的地主武装，公审处决土匪头子、日伪暗探，杀一儆百。数次单枪匹马，争取地主武装陈朗轩部，使陈朗轩等部的防地从敌我争夺的中间地带变成了抗日“同情区”。凡新四军和地方干部过往该地区，只要伸出4个手指头（暗指新四军）即可放行；新四军吃粮偶有困难，可向他们借粮；他们获悉日伪军下乡“扫荡”的情报，会提前告知新四军；有时掩护新四军，帮忙他们化险为夷。

1943年9月，李健任兴化县抗日民主政府县长，认真开展民主建政工作，深入群众，参加减租反霸斗争，替群众撑腰做主。关心群众疾苦，得知唐子、安丰两镇群众因敌伪疯狂抢劫而衣食无着、困苦不堪时，在县财政十分困难的情况下，毫不犹豫向县财政局签发：“准拨救灾款贰佰万元。李健。”为了打击日伪、巩固根据地，兴化县开展了大规模的打坝运动。深入永丰区发动群众，掀起轰轰烈烈的打坝热潮。兴化县的打坝经验在苏中二分区迅速推广，在反“扫荡”、反封锁、反伪化斗争中发挥了重要作用。1944年夏，兴化创办抗大式的朱严师范学校，李健兼任校长，经常到学校作政治形势报告，检查指导学校工作。一年多时间，学校培养1000多名区、乡干部和新型的教师。

1945年8月，组织动员兴化全县人民支援新四军解放兴化城，动员民兵参战，发动群众支前，筹集大批粮草、船只，保障部队给养和运输。10月，调任中共高邮县委书记兼县独立团政委，迅速投入攻打高邮城的准备工作。高邮县抗日民主政府成立总后勤部，组织民兵、调集民工、征用民船，组建运输队、担架队、救护队，抢运粮草，准备攻城器械，帮助部队安排生活、提供物资和运输，全力支持、配合了抗日战争的最后一役——高邮战役。

1946年10月，新四军主力北撤，苏中区广大军民坚持原地斗争，决死苦斗，作出巨大牺牲。“做坚强的战士，不做可耻的逃兵！”他带领大家坚持原地斗争，以坚持独立自主的思想，说服主张依靠外援的同志；以坚定依靠群众的思想，说服抱有单纯军事观念的同志；以树立长期斗争的思想，说服患有“急性病”的同志。先后撰写了《生根立足》《加强党内无产阶级思想意识，克服党内非无产阶级思想意识》《发动群众与建立基地》等多篇文章，向党员干部进行深入的教育。由于统一了认识，确立了“生根立足”的思想，在敌占区逐步建立起一个个小块根据地。

1947年10月27日，兴化、高邮、宝应、盐城四地的国民党军，纠集地方武装，共计3千多人，水陆并进，对高邮发动大规模的梳篦式“清剿”、重点“驻剿”。李健带领县委干部和行动大队进入茫茫芦苇荡，同敌人周旋。31日夜，他们在刘家沟遭遇数倍敌人的重重包围。

母亲回忆，在刘家沟芦苇荡里，她遇见了冲出重围的父亲，见被派去收步哨的警卫员还没回来，就劝父亲跟他们一起撤。父亲再三嘱咐：“你不要管我，你的任务是赶快组织同志们安全撤离，一定要沉着冷静，灵活机动，尽快突围。”说完，他划船重新返回阻击点，组织同志们突围。

哪知，这一别竟成了父亲母亲的生死之别。

由于连续作战，疲惫不堪，吐血多

兴化市千垛镇李健烈士陵园

日，身体极度虚弱，李健牺牲在芦苇荡中，年仅29岁。地方党组织和刘家沟村民们在方圆400多亩的草荡中找寻李健，他们想尽办法用滚钩、镐钻等工具在水荡中细心打捞寻找，找到了几十具遗体，但是没有找到我父亲。

1947年11月27、28日两天，华中二地委、二专署、二分区，隆重举行了有

6000余人参加的李健等烈士的公祭追悼大会。华中二地委副书记俞铭璜在悼词中说："高邮全党在斗争中，虽然屡遭挫折，但是，始终团结一致，艰苦奋斗，发挥英勇顽强的革命精神到最高度，前仆后继，英雄气概，可泣可歌，主要是由于李健同志坚强的领导。"第二年春天，人们在芦苇荡河沟里寻到一具尸体，根据尸体身长一米八的特征和衣兜里的一枚李健的图章，才得以确认是父亲的遗体，已然面目全非。

为纪念李健烈士，1949年2月高邮黄邳区改名李健区，6月划入兴化县。1958年2月，李健区撤销，原区内烈士乡改名为李健乡，9月设李健片，辖李健、垛田等7个公社。1983年，恢复李健乡。1992年9月，在戴为然和储江等的关心和倡议下，兴化市李健乡党委、政府及社会各界人士多方筹集资金，在陆阳村（今千垛镇兴健村）修建李健烈士陵园。2007年，兴化市在革命烈士纪念馆的千秋广场竖立起李健等8位烈士的半身铜像。

如今，我已经步入古稀之年，高邮、兴化那片芦苇荡总让我魂牵梦萦，父亲的情感图像越来越清晰地展现在我眼前。我深深地感受着他的坚毅、顽强、无畏、忠诚，我以"心甘情愿地做应该做的事，无怨无悔地走应该走的路，坦坦荡荡地做应该做的人"作为自己座右铭，永远激励自己。

（李东平）

在弯腰沟锻炼成长

靖江市弯腰沟红色文化基地

1942年八九月间，为打破日、伪、顽三股反动势力的封锁与包围，根据苏中三地委指示，中共靖江县委、靖江县抗日民主政府移驻长安市弯腰沟。

长安市地处季家市、孤山镇、柏木桥、斜桥、西来庵的中心地带，北临靖（江）如（皋）泰（兴）界河，东有夏仕港，西有石碇港作屏障。弯腰沟前临刘家埭，后傍嘉宾圩，村中有一条东西方向的弯弯小河，100多户人家沿河而居。中共靖江县委、靖江县抗日民主政府移驻弯腰沟后，组织军民开展减租减息运动，发动群众改造基层旧政权，抓财经、促生产、兴教育，建立学校、商店，设立军工厂，组织农抗会、妇抗会、青抗会、儿童团，成立流动剧团、文工团，发展群众文艺抗日救国……弯腰沟逐渐发展为新四军东进北上的要冲之地、靖江军民坚持抗战的稳定后方。1929年出生的刘汉山在弯腰沟锻炼成长，经历了难忘的战斗生活。

激发抗日热情

1942年，13岁的刘汉山参加了苏中三分区组织的学生抗日演讲竞赛，共产党员缪耀章是他的竞赛指导老师。

刘汉山以“后羿射日”作为演讲话题，讲述后羿把天空10个作恶的太阳射落9个，让老百姓过上了正常生活的故事。缪老师指点刘汉山，将扛着太阳旗的日本侵略者比喻成作恶的太阳，在中国大地上烧杀抢掠、无恶不作，中国人民要发扬“后羿射日”的精神，消灭日本侵略者，将他们赶出中国去！刘汉山以生动的比喻，激昂的演说，赢得广泛赞誉，获得“雄辩”奖旗。刘汉山的抗日热情也因此被激发。

参与抗日宣传

1943年秋，刘汉山考上靖江乡村师范，10月参加青年解放团。靖江乡村师范是由党组织发动创办的一所抗大式的学校，为抗战培养革命干部，为新四军输送人才，学生学习、生活均免费。学校条件很简陋，破庙稍加修理当教室，木板钉一钉做课桌，学生就住在附近老百姓家中。学生们都十分珍惜这来之不易的机会，奋发读书。11月，日伪对靖江抗日根据地发动“扫荡”，学校被焚毁，全校师生被迫转移到如西县王家市办学，后转移到弯腰沟。师生们在打谷场上用板凳架住黑板，坚持上课。

日伪军在苏中根据地四分区“清乡”，在交通要道搭起数百里长的竹篱笆，分割抗日根据地，对抗日军民造成很大的困难。为了防止日伪军在靖江修建篱笆“清乡”，中共靖江县委、县抗日民主政府根据上级党委的部署，组织军民开展反“清乡”准备。刘汉山和其他青年解放团成员一起组织起来，积极配合开展反“清乡”、反“扫荡”的宣传。他们到附近村庄，动员村民把竹子砍掉

中共靖江县委、县政府、县独立团驻地旧址（靖江县长安区弯腰沟）

并藏起来，让日伪军无竹搭建篱笆；另一方面，建议群众将看家护院的狗送走或打死，避免新四军夜晚活动因狗吠被日伪军发现。经过宣传，群众积极配合，军民一道参与反“清乡”斗争。

组织抗日团体

1943年，日伪军到孤山一带“扫荡”，形势比较紧张。中共靖江县委、县政府指示靖江乡村师范化整为零，将学生分成小组，组成青年抗日先锋队、妇女会、儿童团等抗日群众团体。1944年夏，青年解放团奉命到根据地各地组织儿童团，刘汉山负责孤山南片地区的儿童团组织工作。

儿童团的主要任务：一是站岗放哨，盘查行人，防奸反特；二是散发传单。刘汉山组织几个精干灵活的儿童团员，采用儿童抛瓦片的游戏方式，用一根竹棒系上绳子，用绳子末端将传单卷在瓦片上，再用草叶扣牢，然后手握竹子将瓦片、传单用力甩出去，把传单散发到日伪据点里。儿童团的团员利用地形，趁夜色行至日伪据点附近，如此这般把传单散发出去。等日伪发觉，开枪射击时，团员们早已借着熟悉地形，沿着河岸跑远了。

为改变村民赌博的陋习，刘汉山组织儿童团员进行宣传、监督、提醒，

靖江县立乡村师范学校学生合影

一经发现，立即报告。在乡政府和民兵的支持下，赌博的风气渐渐就淡化了。

为鼓励更多儿童参与抗日活动，刘汉山还组织教唱抗日歌曲。团员们扛着自制的红缨枪、小木棍，高兴地唱着《红缨枪》：“红缨枪，红缨枪，枪缨红似火，枪尖放银光。拿起红缨枪，去打小东洋；小东洋，他横行霸道太猖狂，他的野心比天大，要想把中国来灭亡。呸！村庄里、港岸上，游击战争干一场。打东洋那个保家乡，不让那鬼子再猖狂！”

1945年8月，靖江城解放，乡村师范学校迁回城西朝阳殿。1946年2月，刘汉山加入中国共产党。10月，刘汉山与同学戴学江等人被分配到华中野战军一师一团政治处。

弯腰沟是刘汉山成长、锻炼的地方，更是他革命梦想起航的地方，给他的一生留下珍贵的红色记忆。解放战争中，刘汉山先后参加枣庄、鲁南、莱芜、孟良崮、豫东、胶河、淮海、渡江、上海战役等，参加抗美援朝战斗，数次立功受奖。新中国成立后，他投身国防科研事业，一路战斗、一路成长，坚定践行一名共产党员为人民谋幸福、为民族谋复兴的初心使命。

（夏艺萍）

后记

《初心见证——新四军在泰州》共收录文章38篇，分党的建设、统战典范、重要战斗、根据地建设、地方武装、烽火回忆6个部分，系统记录新四军在泰州地区的政治斗争、军事斗争以及抗日根据地建设等方面的历史性成就和贡献。

本书由泰州市及各市（区）党史系统工作人员征集史料、编写初稿，泰州市党史方志办（泰州市档案馆）组织修改统稿，编审过程中充分参考《新四军文献》《粟裕回忆录》《叶飞回忆录》等。

本书所用照片均未署名，如涉及版权问题，希望有关摄影作者与我们联系，以奉薄酬并致谢意。

由于编写人员水平有限，疏漏、讹误之处在所难免，恳请批评指正。

2024年11月